城市轨道交通职业教育系列教材——城市轨道交通运营管理

CHENGSHI GUIDAO JIAOTONG ZHIYE JIAOYU XILIE JIAOCAI
CHENGSHI GUIDAO JIAOTONG YUNYING GUANLI

城市轨道交通票务管理

主　编○罗艺斌　古义权　张　宝
副主编○李　捷　邹　韵　吕　茗
　　　　陈宇俊　段红莲　钟　艺

西南交通大学出版社
·成都·

图书在版编目（CIP）数据

城市轨道交通票务管理/罗艺斌，古义权，张宝主编. —成都：西南交通大学出版社，2016.8
城市轨道交通职业教育系列教材. 城市轨道交通运营管理
ISBN 978-7-5643-4840-3

Ⅰ. ①城… Ⅱ. ①罗… ②古… ③张… Ⅲ. ①城市铁路－旅客运输－售票－管理－高等职业教育－教材 Ⅳ. ①U239.5

中国版本图书馆 CIP 数据核字（2016）第 175639 号

城市轨道交通职业教育系列教材——城市轨道交通运营管理

城市轨道交通票务管理

主编　罗艺斌　古义权　张　宝

责 任 编 辑	刘娉婷
封 面 设 计	何东琳设计工作室
出 版 发 行	西南交通大学出版社 （四川省成都市二环路北一段 111 号 西南交通大学创新大厦 21 楼）
发 行 部 电 话	028-87600564　028-87600533
邮 政 编 码	610031
网　　　　址	http://www.xnjdcbs.com
印　　　　刷	四川煤田地质制图印刷厂
成 品 尺 寸	185 mm×260 mm
印　　　　张	7.75
字　　　　数	191 千
版　　　　次	2016 年 8 月第 1 版
印　　　　次	2016 年 8 月第 1 次
书　　　　号	ISBN 978-7-5643-4840-3
定　　　　价	20.00 元

课件咨询电话：028-87600533
图书如有印装质量问题　本社负责退换
版权所有　盗版必究　举报电话：028-87600562

出版说明

城市轨道交通凭借快捷、准时、舒适、运量大、能耗低、污染小、占地少等优点，日益成为城市现代化建设进程中重要的公益性基础设施项目。城市轨道交通涉及面广、综合性很强，其发展状况已被当成一个城市综合实力和现代化程度的重要评判指标。由此，城市轨道交通建设正在我国兴起一个新的浪潮，社会对城市轨道交通专业人才的需求巨大，给城市轨道交通类专业的职业教育发展带来了良好契机。

西南交通大学出版社与国内诸多交通院校一直保持友好往来，并整合它们在轨道交通领域的尖端科技优势和人才集成优势，致力于为国家轨道交通教育事业做出贡献，形成了以"轨道交通"为核心的出版特色，在教育界、学界都拥有良好的口碑和较高的品牌知名度。

本套丛书从满足快速增长的城市轨道交通专业实用型人才培养需求出发，从校企结合教学直接面向岗位需求这一特点出发，精心组织国内相关专业优秀教育工作者或高校优秀教育工作者，分"运营管理""工程技术""车辆""控制""供电技术"五大类系统地为读者呈现城市轨道交通教育课程全景。在编写时，力求体现如下特点：

◎ **适用性**

理论知识够用即可，在讲述专业知识的基础上，突出实际操作技能的训练，注重岗位关键能力的培养。

◎ **专业性**

图书的顶层设计从国家高职高专专业目录规范出发，内容编排紧密结合岗位应用实际，体现专业性和主流设备前沿特征，体现教学实际需求。同时，在编写或修改时，尽可能地让一线用人单位参与进来，根据生产现场实际提出建议。

◎ 生动性

在架构设计和版式设计上,力求简洁生动,图文并茂;努力体现二维码技术等移动互联网时代元素在图书中的应用,尽可能把生产实际和研究成果用立体生动的形式予以表达,便于读者理解掌握。

这套书可作为高等职业院校、中等职业学校城市轨道交通相关专业的教学用书,也可作为城市轨道交通企业新职工的培训教材。有关教材的课件资料等,可以联系我社使用。

联系电话:028-87600533
邮箱:swjtucbsfx@163.com

西南交通大学出版社
2015 年 8 月

前　言

随着我国城市轨道交通行业的高速发展，该行业对专业人才的需求也在不断增加。目前虽有很多职业院校开设了城市轨道交通相关专业，但现有教材的理论知识性较强，缺乏实践实例，其结构与企业实践所需技能有较大差异，也不能很好适应职业教育所需。本书编写组在深圳地铁、广州地铁等公司的支持下，在西南交通大学出版社的组织下，通过总结已有的理论和经验编写本教材，希望给同行以借鉴，给初学者或从业者以参考。

本教材主要包括以下六个单元，涵盖了职业教育学生完成票务工作需要掌握的主要知识和技能内容：

（1）票务系统的基本知识。

（2）票卡的管理。

（3）自动售检票设备的基本知识和操作。

（4）各类票务处理方法。

（5）票务运作和票务收益管理。

（6）票务管理的案例。

每个单元主要依据工作过程中需要的知识和技能要点来设置，结合企业实际，设置有案例分析、实训等环节，可以让学生学完就用起来。

本教材由深圳市开放职业技术学校和广州市机电技师学院联合编写。书中参考了部分国内同行现有技术资料，编写组对这些专家深表谢意。由于编者水平有限，书中不足之处在所难免，敬请广大读者批评指正。

编　者

2016 年 6 月

目　录

1 概　述 ·· 1
　　任务一　城市轨道交通票务系统 ·· 1
　　任务二　城市轨道交通自动售检票系统 ··· 8
　　任务三　城市轨道交通车站组织结构 ··· 13

2 车　票 ·· 16
　　任务一　车票的发展 ·· 16
　　任务二　车票的分类 ·· 18
　　任务三　车票的定义和使用规则 ·· 25
　　任务四　车票的管理流程 ··· 28

3 城市轨道交通自动售检票系统终端设备 ··· 35
　　任务一　自动售票机 ·· 35
　　任务二　自动检票机 ·· 43
　　任务三　半自动售票机 ·· 52
　　任务四　自动查询机 ·· 58

4 票务事务处理 ·· 62
　　任务一　常见票务处理 ·· 62
　　任务二　特殊票务处理 ·· 78

5 日常票务管理 ·· 85
　　任务一　日常票务管理 ·· 85
　　任务二　AFC 系统管理 ··· 90

6 票务台账 ··· 93
　　任务一　票务台账填写 ·· 93
　　任务二　车站主要票务报表及台账 ·· 95

7 票务差错及违章 ··· 104
　　任务一　票务差错 ·· 104
　　任务二　票务违章 ·· 107
　　任务三　票务案例分析 ··· 110

参考文献 ··· 115

1 概　述

【主要内容】

城市轨道交通票务系统

城市轨道交通自动售检票系统

城市轨道交通车站组织架构

任务一　城市轨道交通票务系统

【学习目标】

（1）掌握城市轨道交通票务系统的概念；

（2）了解国外城市轨道交通票务系统的发展历史与现状；

（3）了解国内主要城市轨道交通票务系统的发展历史与现状。

【任务分析】

城市轨道交通以其大运量、自动化、高效率的优势进入现代人的生活中，作为城市轨道交通运营优势的保持基础，票务系统的地位不可或缺。本任务主要介绍常见的城市轨道交通票务系统以及国内外城市轨道交通票务系统的发展历史和现状。

【相关知识】

一、城市轨道交通票务系统

城市轨道交通票务系统是城市轨道运营方为了实现为乘客提供优质服务，并有效管理系统资源、票务收入等目的而建立的系统。其主要的功能就是制定票价、运营规则等运营策略，同时能对车票制作、车票出售、入站检票、出站检票和补票、罚款等营收信息进行有效管理，也承担起对运营状况进行监控管理的职责。它也是城市轨道交通票务收入和结算的基础。

在整个城市轨道交通线网中，票务系统必须是一个统一规划的整体，这是实现整个线路网换乘、车票流通、信息共享和交易数据清分的基础。只有使用相同的接口和票价策略，使用可以相互无障碍沟通的工具和设备，才能实现直接换乘和统一管理。

现代城市轨道交通票务系统的业务管理是借助自动售检票系统来实现的，主要内容有：

票卡管理、规则管理、信息管理、账务管理、模式管理和运营监督等。

1. 票卡管理

票卡即乘客使用的车票，用于记载乘客的出行费用信息，是乘车的有效凭证。票卡管理是指对票卡的发行、使用、更新等全过程进行的有效管理。票卡发行及其使用主要包括车票编码定义、车票初始化、车票的赋值发售、车票的使用等。

2. 规则管理

为保证票务系统能够在多部门和多环节高效运作，就必须制定一套科学、严密的规则、流程，包括票价策略、结算规则、权限管理和操作流程等。票价基本政策主要指城市轨道交通运营企业对计价方式、乘车时限、乘车限制等方面的规定。

3. 信息管理

信息化是自动售检票系统的一个基本特征。为进行有效的管理和为决策提供可靠的信息，需对系统收集的基础数据进行深度挖掘、加工，开展统计分析并发布信息。

4. 账务管理

账务管理是对系统内的票务收入进行汇缴、清算、入账等过程的管理，包括账户设置、票款汇缴、登账稽核、收益清算、资金划拨和对凭证进行有效管理等。

5. 模式管理

模式管理就是针对不同的运营状况、条件所作出的相应操作行为的选择和实施，包括正常运营模式、降级运营模式以及相配套的运营管理。

6. 运营监督

运营监督就是通过系统设备以及所具有的完整、严密、及时的信息流，对运营状况进行实时跟踪监督，以提高运营质量和服务水平。它包括信息传输状况监督、客流状况监督、调配监督、收款监督及收益监督等。

二、国外城市轨道交通票务系统发展

1. 巴黎

巴黎是世界上人口密度较大、公共交通发达的国际化大都市之一，作为法国的政治文化中心，市区人口为1700万人。巴黎是世界上第5个修建地铁的城市，1890年开通第一条地铁线路。发展至今，巴黎地铁已经历了100多年的发展历程。

巴黎地铁现由巴黎大众运输公司（RATP）负责营运。巴黎地铁采用多种票制，包括单票、本票、天票、周票、月票及特殊票。丰富的地铁票种为市民提供了多种选择，市民可以根据需要购买最适合自己出行习惯的车票。地铁站的售票大厅通常都包括至少一个售票窗，内有 RATP 员工负责售票和提供咨询服务，大厅内还有滚轮式自动售票机、交通智能卡充值机。乘客进入收费区须通过刷票或刷卡闸机。图 1-1 为巴黎地铁车站检票闸机。

图 1-1　巴黎地铁车站检票闸机

2. 伦敦

伦敦的大都会铁路（Metropolitan Railway）是世界上第一条市内载客地下铁路，于 1863 年 1 月 10 日正式运营，开通当天即有 4 万名乘客搭乘该条线路，列车为每 10 分钟一班。第一条电力运行的深层隧道——城市与南伦敦铁路于 1890 年建成。

伦敦已建成总长 402 km 的地铁网，其中 160 km 在地底，共有 11 条路线、270 个运作中的车站，每日载客量平均高达 304 万人。2004—2005 年度总载客人次为 9 亿 7 600 万人次。以线路长度计算，它是世界上第三大的地铁网络，仅次于北京地铁和上海地铁。地铁站内有售票窗口及自动售票机，可以接受借记卡、信用卡、硬币和纸币购票。伦敦地铁为自动检票，将票面向上插入检票口的检票机侧面一个缝隙中，票即被自动送入，并从检票机上方弹出。拔出票，检票口栏杆自动打开，人过去后栏杆合上。现在大部分的人会用 Oyster 卡（牡蛎卡），可用于地铁站和大部分公共汽车。只需将卡靠近地铁检票口的黄色圆盘，如果卡内已经充值了有效车票，栏杆自动打开。如果出现故障，可以持票向站内工作人员咨询。图 1-2 为伦敦地铁车站自动检票机。

伦敦地铁按照伦敦运输公司的伦敦轨道运输收费区计算票价，包含仅用于地铁的部分。第一收费区大部分在市中心，其边界刚好超过环线的环形段。第六收费区大部分在伦敦偏僻的地方，包括希斯洛机场（Heathrow Airport）。收费区 1～6 覆盖了整个大伦敦区域，即使大伦敦区以外也有都市线延伸到收费区 7～9。

图 1-2　伦敦地铁自动检票机

3. 莫斯科

1935年莫斯科地铁正式开通，是世界上规模最大的地下铁路系统之一。现今莫斯科地铁运营里程300 km，有150个车站，4 000列地铁列车在9条线上运行，换乘十分方便，每天运送乘客达900多万人次。1996年，莫斯科地铁全面安装自动售检票系统。莫斯科地铁采用单一票价，车票类型包括单次车票、月票、季票及学生票。莫斯科地铁计划在未来用计程票价代替"单一票价"，并使用储值票。图1-3为莫斯科地铁的车票。

图 1-3　莫斯科地铁车票

4. 东京

东京地铁是世界上最繁忙的地铁之一，每天运送乘客能力在 740 万人次左右。东京地铁早在 1927 年 12 月就开通了银座至浅草寺的路段，因而是亚洲最早有地铁的城市。目前共有 13 条路线，230 个车站，路线总长（不含与私营铁路直通运转的路段）312.6 km，每日平均运量将近 800 万人次，发达程度居世界前五名。

东京地铁的售票服务非常便捷。每个车站都有自动售票机，可以购买单程票，也可以买月票。每个车站地铁线路图上都标有票价。如果票卡不够钱，车站在出站口都有"清算机"。把票投到机器里，机器显示屏会告诉你差额，把差额投入清算机，机器会吐出清算券，凭此券可顺利出站。图 1-4 为东京地铁自动售票机。

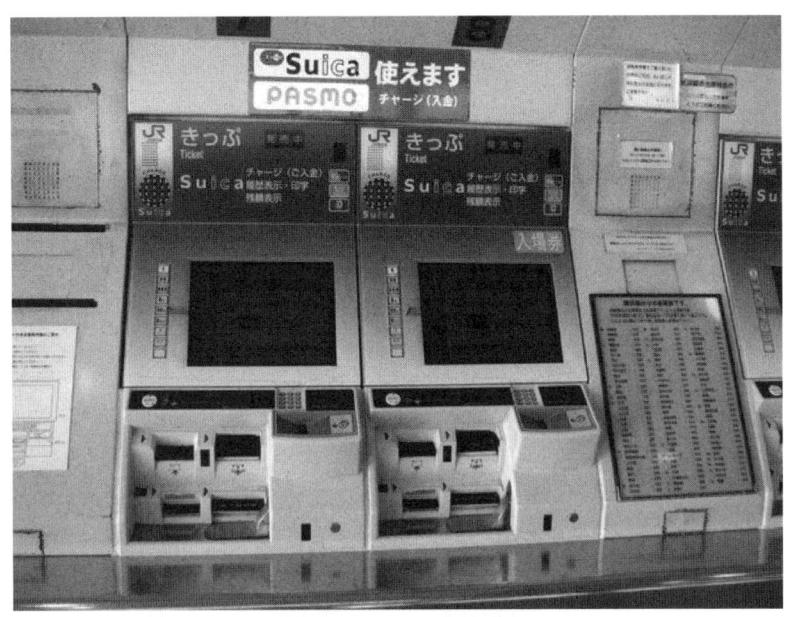

图 1-4　东京地铁自动售票机

三、中国城市轨道交通票务系统发展现状

1. 北京

北京地铁是中国第一个地铁系统，始于 1969 年，由北京市地铁运营有限公司和北京京港地铁有限公司两家企业分别运营不同线路。截至 2012 年底，北京地铁共有 16 条运营线路，262 个车站，总长 442 km。北京地铁自 2008 年 6 月 9 日开始全面使用自动售检票系统，用非接触式 IC 卡车票代替了原来的纸质车票。乘客可通过自动售票机购票，采用拍卡入闸、插卡出闸方式，出站时车票回收，回收的车票可在车站售票处重新发售。系统可以兼容北京市政交通一卡通。

北京地铁实施单一票制 2 元/人次，无时限、路程、换乘次数等限制，可以随意换乘除机场线外的任何线路。机场线执行单一票价 25 元，且它的单程车票与其他线路互不通用，换乘其他线路需要另行购买 2 元车票。此外，北京地铁并无针对老年人的优惠或免票政策。图 1-5

为北京地铁现在使用的单程票和一卡通。

图 1-5　北京地铁车票

2. 上海

上海地铁的第一条线路于 1995 年 4 月 10 日正式运营，是继北京地铁、天津地铁后中国内陆投入运营的第三个城市轨道交通系统。截至 2012 年 12 月 30 日，上海地铁已开通运营 12 条线、287 座车站，运营里程 435 km。2000 年，上海地铁 1 号线自动售检票系统与上海公交卡系统叠加，实现了地铁运营商与公交卡公司的数据交易与账务结算。到 2005 年 12 月，建立了自动售检票网络化系统，设立路网清算中心，进行票卡发行、数据汇集处理等工作。图 1-6 为上海地铁常用的单程票。

图 1-6　上海地铁常见车票

上海地铁票价目前是按照两站之间的直线距离计算。起步 3 元（5 号线起步 2 元），最高 10 元。六公里内 3 元，以后每十公里 1 元。除单程票外，还有一日票、三日票可以选择。2008 年 6 月 1 日起，持公共交通卡的乘客可进行虚拟换乘，即出站 30 分钟内再次进入邻线乘车可以连续计价。开通此业务的车站有：上海火车站、虹口足球场站、陕西南路站和虹桥 2 号航站楼站，方便相近但不具备付费区换乘条件的车站之间的换乘。

3. 广州

广州地铁于 1997 年开始运营，现有运营线路 8 条，包含一条 APM 线路，运营里程现为 236 km。另有广佛线连接广州与佛山，是中国第三大城市轨道交通系统，票价按里程分段计价。广州地铁由广州地下铁道有限公司负责营运，自运营之初开始使用自动售检票系统，票卡类型包括单程票、储值票、老人免费票、纪念票、一卡通（羊城通）。乘客可以使用一卡通换乘广佛线。广州地铁的自动售检票系统主要是由非接触式 IC 卡车票、售票机、闸机、车站系统和中央系统等组成。图 1-7 为广州地铁常用单程票。

图 1-7　广州地铁单程票

4. 香港

香港地铁（MTR）自 1979 年开通，原称地下铁路（Mass Transit Railway），是香港的通勤铁路线，由香港铁路有限公司（前地铁有限公司，MTR Corporation Limited）营运。2007 年 12 月 2 日，地铁与九铁的车务运作正式合并，与此同时，地铁公司也易名为港铁公司。合并后的综合铁路系统全长 168.1 km，由 9 条市区线共 80 个车站组成。

香港地铁收费分成人及特惠两种。12 岁以下的小童、65 岁及以上的长者、12～25 岁的全日制学生才可使用特惠票。3 岁以下的小童则可免费乘搭。不同于其他不少地铁系统，香港地铁收费并非划一，而是根据路程长短而定。所搭乘的站数越多，收费就会越高。一般路线的成人单程收费由 3.8 港币至 14.1 港币不等。特惠票价约为成人票价的一半。付款方法有 3 种：八达通、单程票及旅客票。除机场快线外不设双程票。旅客票分为一日票和三日票两种。图 1-8 为香港地铁常用票卡。

图 1-8　香港地铁车票

任务二　城市轨道交通自动售检票系统

【学习目标】

（1）掌握城市轨道交通自动售检票系统的概念；
（2）掌握国外城市轨道交通票务系统与自动售检票系统的关系；
（3）了解城市轨道交通自动售检票系统的基本构成；
（4）了解城市轨道交通自动售检票系统的主要架构形式。

【任务分析】

城市轨道交通票务系统作为票务运作的基础，随着技术手段的进步，票务系统的实现手段也有了较大的发展，城市轨道交通自动售检票系统是其实现手段之一。本任务主要介绍城市轨道交通售检票系统的基本概念和主要结构形态。

【相关知识】

一、城市轨道交通自动售检票系统

1. 自动售检票系统概述

为了适应城市轨道交通大客运量和运营快捷的特点，在售检票方面必须采用先进、方便、快捷的自动售检票系统。随着自动售检票 AFC 系统技术的不断进步，先后投入使用的终端设备存在比较大的差异。国外在自动售检票 AFC 系统的研制、投入运营方面起步较早，早期的磁卡技术无论在技术还是应用方面，发展都比较成熟，因此车票媒介基本上以磁卡为主（如法国巴黎轨道交通收费系统）。随着技术进步，很多国家的票卡正逐步向 IC（Integrated Circuit）卡的新技术方向发展。在我国，由于城市轨道交通建设起步较晚，虽然北京、上海、广州、天津、深圳、大连、南京、重庆、武汉等城市已有多年轨道交通运营经历，但使用自动售检票系统的经验还不足，比如在北京地铁还专门设置了车站自动售检票 AFC 综合作业岗以确保自动售检票 AFC 系统的正常运转。目前，杭州、成都、西安、苏州、宁波等城市的轨道交通正在建设中，可以在自动售检票 AFC 技术的应用方面直接采用高起点，选用非接触式智能 IC 卡技术的车票媒介。

自动售检票系统简称 AFC（Automatic Fare Collection System），是通过对现代计算机技术、通信技术、智能卡技术、模块识别技术、传感技术、机械制造、统计、财务等知识的综合运用，用自动化的方式实现城市轨道交通运营中的售票、检票、计费、收费、统计、结算和清分等过程。它的应用大大提高了工作效率，同时也减少了逃票情况，减少了车站人员的工作量，提高了数据统计和传输的准确性和及时性，进而提升了整个行业的社会形象。

2. 自动售检票系统与票务系统的关系

城市轨道交通票务系统是自动售检票系统的必要环境和基础，自动售检票系统是城市轨道交通票务系统的实现手段。城市轨道交通票务系统的业务管理需要借助自动售检票系统来实现，自动售检票系统是科技和技术发展的产物，基于城市轨道交通票务系统业务的需要，采用自动化的设备和管理手段，可以实现对票卡、票务规则、信息处理、账务、运营模式和运营监督等业务的自动化管理，减少票务系统早期使用人工售检票和半自动售检票方式时效率低下的问题，提高运作效率。同时在客流统计、数据统计和票款结算、车票处理方面也节约大量人力作业，不仅提高了效率，其处理效果正确率也较高，对提高整个城市轨道交通的服务水平起到了重要作用。

城市轨道交通票务系统是自动售检票系统的必要环境和基础，自动售检票系统则是城市轨道交通票务系统的实现手段之一，能有效提高城市轨道交通票务系统的管理水平和效益。

自动售检票系统的使用可大量减少票务人员，提高城市轨道交通系统的运作效率和效益。同时，通过该系统读客流量、票务收入等综合业务信息的汇总分析，可以强化客流分析预测能力，合理地调配车辆，提高票务系统工作效率，进而提高网络化运营管理水平。

自动售检票系统与票务策略的对应关系主要表现在客流、票制、统计与结算、车票处理等方面。

（1）客流

自动售检票系统可根据交易信息为决策或规则提供客流信息。自动售检票系统通过其良好的票务管理水平和高效的客流信息处理能力，成功实现低成本、高效率的系统运作。

提高信息利用率、增强自动售检票系统的决策分析能力是自动售检票系统的方展方向之一。应强化系统整理分析原始数据和信息的能力，将票务系统与其他信息管理系统相结合，通过票务系统的信息挖掘，可以进一步了解区域客流特征，为管理提供量化的决策依据，也可以为相关的经济行为提供客流行为支持，提高服务和管理决策的针对性和准确性。

（2）票制

自动售检票系统根据票务政策的计费原则和计费方式进行售票、检票、统计。对于单一票制、计程票制和混合票制，应结合不同的票制原则以及相应的优惠措施制订执行方案。

单一票制是根据乘车次数进行计费，与实际乘坐的距离长短无关。

计程票制是经进出站检票，严格按照实际乘坐距离长短（里程或乘坐车站数）并根据票价计费标准计算乘车费。

混合票制也称分区域计程制，即将运营线路总长度分为若干个区域，根据票价计费标准，在各区域内采用统一票价。实际运营距离跨越一个或多个区域时，根据占用的区域数进行计费。

（3）统计与结算

票务统计与结算的基础是交易数据。线路每天的客流量是该线路各站的单程票、储值票及特种票的进站数及换乘至该站人数之和。各线日车票收入，以单线各站的单程票发售收入与储值票的出站扣值及当天票补收入之和，减去退票款后，按乘客线路乘坐的情况核算。

自动售检票系统可以对客流量、票务收入及单程票的使用进行统计和分析，并编制相应的报表。

自动售检票系统对不同线路或不同收益载体进行票务收入清分，对路网系统与其他兼容系统进行清分，并可通过银行结算系统进行及时结算。

（4）车票处理

车票处理包括对单程票、储值票和许可票的处理。一般情况下，单程票是当日当站使用的车票，通常要制订退票规则，包括是否允许退票、退票时间要求、手续费的收取等。储值票有记名和不记名之分：不记名票通常不办理挂失、退票。当储值票不能正常使用时，由车站受理，交专门部门进行查询、分析并做相应处理。特种票不能正常使用时，由专门部门进行查询、分析并做相应的处理。

二、城市轨道交通自动售检票系统的基本构成

一般的城市轨道交通自动售检票系统包括五个层次，各层关系类似金字塔，如图1-9所示。第一层是车票层，第二层是终端层，第三层是车站层，第四层是线路层，第五层是路网层。

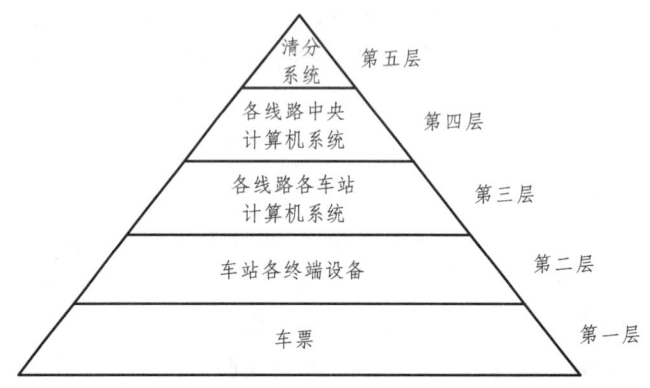

图1-9 城市轨道交通自动售检票系统层次图

1. 城市轨道交通清分结算系统（ACC）

城市轨道交通清分结算系统负责不同收费系统之间的账务清分、结算。在票卡管理方面具有："一卡通"车票类型定义、初始化编码、发行、分拣、调配管理等功能；在票务管理方面具有：车票交易数据处理、车票发售收益统计、运营收益统计、运营报表处理、运营交易数据清分、票务对账结算、车票发售现金收入管理、运营收益转账、完成同交通卡中心数据的交互等功能；而在运营管理方面具有：统计运营参数管理、客流统计与分析、系统运营模式管理、系统运营信息发布、车票使用信息查询等功能；在系统维护方面具有：系统用户管理、权限管理、数据归档和备份、系统数据恢复、系统日志管理等功能。

2. 线路中央计算机系统（LC）

线路计算机系统是城市轨道交通线路自动售检票系统的管理与控制中心，负责本线路中的票务管理、交易与设备状态的采集、运行管理、客流管理、黑名单管理、软件版本管理、收益管理、统计报表等。

1 概 述

3. 车站计算机系统（SC）

车站计算机系统是车站自动售检票系统的管理中心，负责车站级的票务管理、运行管理、客流管理、交易数据采集、车站终端设备管理（如检票机、售票机等），执行状态采集，收益管理，统计报表等功能。

4. 车站终端设备（SLE）

车站设备安装在各轨道交通线路车站，是进行车票发售、进站检票、充值、验票分析等读写交易处理的终端设备。

5. 车票/票卡（Ticket）

车票/票卡是轨道交通乘车的凭证，车票采用非接触式IC卡，车票内芯片可记录乘客的旅行信息，数据的读写由车站终端设备进行。

三、城市轨道交通自动售检票系统的基本架构

基于城市轨道交通系统的网络化运营，对自动售检票系统提出的技术要求包括：在城市轨道交通运营网络内，所有运营线路间实现"一卡换乘"；实现在各线路之间的票务清分、结算；实现线路与城市公共交通卡发行、管理部门的清算。根据各城市的实际线路情况，自动售检票系统的基本架构可分为以下几种：

1. 线路式架构

线路式架构的自动售检票系统是根据符合运营线路独立管理票务的要求而设计的，其架构形式如图1-10所示。

图1-10 线路式架构示意图

在线路式架构中，每条运营线路都有一套独立的自动售检票系统，不同线路之间的自动售检票系统是彼此独立的，票务信息不能共享，无法满足跨线换乘的应用需要。

该形式的特点在于系统容易实现，但是仅能够实现线路的票务统计、客流统计和运营管理。乘客无法实现路网线路的直接站内换乘，线路票务系统之间存在重复建设的问题。该形式的架构适合于单线路城市轨道交通或线路独立运营的情况。

2. 分散式架构

分散式架构是基于轨道交通网络由若干个区域构成，每个区域由若干条线路组成，但各个区域相互独立的情况设计的，其架构形式如图1-11所示。

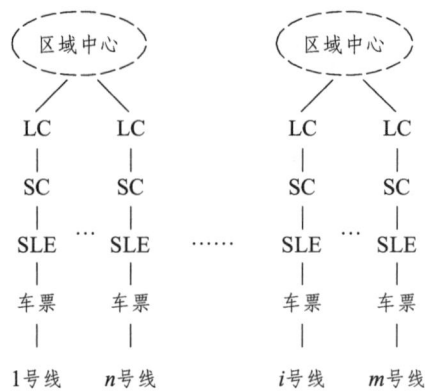

图1-11　分散式架构示意图

分散式架构的特点是不能实现跨区域换乘，每个区域内都可以实现本区域内线路的票款、客流统计和收支分离等管理，但要实现区域间的全面管理，就需要进行若干区域的数据汇总、分析和统计。该架构形式适用于条状型区域管理的轨道交通系统或由多个运营管理商分别管理的系统。

3. 区域式架构

区域式架构是在分散式架构和线路独立式架构基础上设置一个路网中心，区域中心用于进行所辖线路的数据、信息处理。其架构图如图1-12所示。

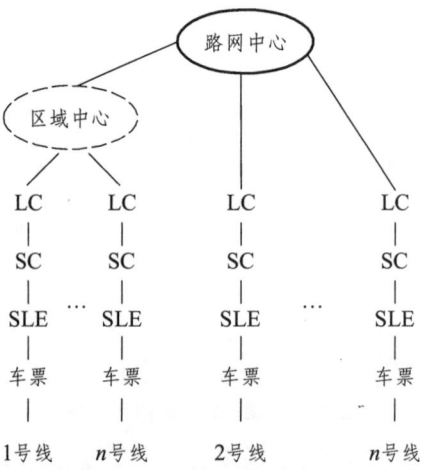

图1-12　区域式架构示意图

区域式架构的特点是线路收益的清分、统计和管理分布在不同的层面上，路网中心无法直接了解区域线路之间的清分数据，只能通过区域售检票系统查询相应的数据。它主要适用于区域式线路和独立线路构成的轨道交通系统。

1 概述

4. 完全集中式架构

完全集中式架构是将轨道交通网络中所有的线路拟成一条路网式线路，设置一个路网中心，线路上车站的计算机系统集中后通过通信设备直接与路网中心连接，即不设置线路中心系统进行相应的清分处理。其架构形式如图1-13所示。

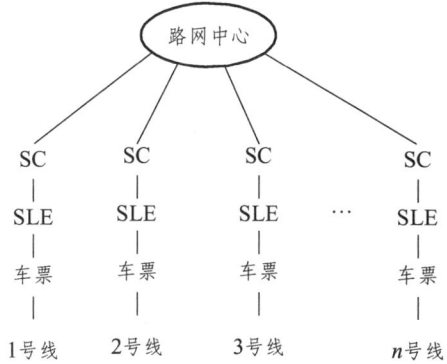

图1-13 完全集中式架构示意图

5. 分级集中式架构

分级集中式机构是在线路式架构的基础上设置一个路网中心，路网中心负责获取全路网交易数据，确定各线路的换乘结算方式和数据公共接口，并对各线路的跨线交易数据进行实时清分。其架构如图1-14所示。

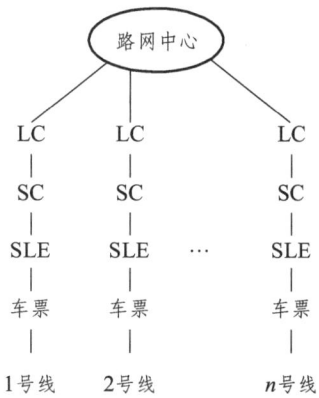

图1-14 分级集中式架构图

任务三 城市轨道交通车站组织结构

【学习目标】

（1）了解城市轨道交通车站人员的组织架构；

（2）掌握城市轨道交通车站人员的票务职责。

【任务分析】

车站作为城市轨道交通票务系统的一线系统，其运行情况将直接影响到票务数据的收集和统计，本任务主要介绍城市轨道交通车站人员的组织架构和各岗位的票务职责。

【相关知识】

一、城市轨道交通车站人员组织架构

城市轨道交通车站人员架构层级主要包括：站长、值班站长、值班员、站务员。其中站长 1 名，值班站长 4 班，行车值班员和客运值班员每班各设一名，站务员分为：票亭岗、厅巡岗和站台岗，人员若干。站长主要负责车站事务的统筹管理，接受上级文件和下达指示，包括对车站人员的管理考核等；值班站长主要负责车站现场运营事务管理，包括行车、客运、票务、安全等多方面；行车值班员主要负责车控室的管理和行车监控，管理车站广播、通信、工作安排、施工组织等综合事务；客运值班员主要负责车站客运、票务运作等工作；站务员是现场乘客服务、指引、票务人员。

二、城市轨道交通车站人员票务职责

（1）值班站长

值班站长的主要票务职责包括以下几点：票务管理运作；检查、监督本班员工票务工作；保证票务现金备品安全，保管钥匙；安排票务巡查；监控 SC/监督补币处理；处理紧急情况或纠纷；跟踪 AFC 设备，做好记录。

（2）客运值班员

客运值班员的主要票务职责包括：安排 TVM 钱箱、票筒更换、补币、补票及车票回收盒的清理；保管票证、钥匙并负责安全；报表、账册填写；车票、报表接收上交；每月报表装订存档；钱箱清点、票款的解行；安排站务员工作处理票务事宜；处理简单 AFC 设备故障。

（3）票务员

票务员的主要职责如下：引导乘客正确操作票务设备；负责票务处的票务工作；检查乘客车票的有效性；完成相应票务报表的填写；巡视车站 AFC 设备；处理与乘客相关票务事宜；处理简单的 AFC 设备故障；完成上级布置的其他票务工作。

【动起来】

调查一个你感兴趣的城市的城市轨道票务系统。

【成果要求】

1. 根据调查结果编写一份你所调查的城市轨道交通票务系统的调研报告，调研可以是非实地调查。

2. 调研报告以 PPT 形式呈现，需图文并茂，可以涵盖以下几个内容：

（1）所调查的城市轨道交通票务系统的发展历史及现状；

（2）该城市轨道交通票务系统的主要票务设备、车票情况；

（3）该城市轨道交通票务系统的票价情况；

（4）其他的有关内容。

【复习与思考】

1. 城市轨道交通自动售检票系统一般分为几个层次，分别是什么？

2. 城市轨道交通票务系统与自动售检票系统之间有什么关系？

2 车　票

【主要内容】

车票的发展历程
车票的分类
车票的定义和使用规则
车票的管理流程

任务一　车票的发展

【学习目标】

（1）掌握车票的概念与作用；
（2）了解车票的发展历程。

【任务分析】

车票作为城市轨道交通自动售检票系统的重要信息载体，不仅是乘客乘坐轨道交通的凭证，也是自动售检票系统的信息传递媒介。本任务主要介绍车票的作用及其发展历程。

【相关知识】

车票是乘客与车站之间的合同凭证，也是乘客乘坐轨道交通工具的票据或凭证。车票的形式从最开始的纸质车票发展到智能车票，从采用人工方式售检票发展到自动售检票，不同票卡媒介记载信息的方式和数量是不同的，根据信息记载方式的不同，识别方式也不同。因此，不同的票卡媒介将对应不同的识别系统。

早期地铁一般都采用纸票作为车票，但随着计算机、网络通信、电子、智能卡等技术的不断发展，先后出现了磁卡和智能IC卡。纸票需要大量的工作人员进行售检票，因而工作效率极其低下。另外，纸票的使用只有一次，容易造成资源浪费，并且在车票和现金的管理上也易存在漏洞。磁卡利用磁性载体（如磁条）记录车票的相关信息，磁卡的读写相对简单容易，使用也比较方便，而且可以重复使用。

随着技术的发展，开始出现了IC卡，售检票方式也从人工方式向自动化方式转变。现在地铁车票使用的主要是IC（Integrated Circuit）卡，其主要结构就是一个集成电路，利用集成电路可存储数据的特性，可以保存、读取和修改芯片上的信息，从而达到重复使用和储存数据的目的。IC卡的优势非常明显：存储容量大，安全性能高，可重复使用，相对独立，保密性能好。按照IC卡与外界数据传送的形式可以分为接触式IC卡和非接触式IC卡，现在各大城市的城市轨道自动售检票系统一般都是采用非接触式IC卡，取代了原有的纸质票卡。

目前，国内各大城市，如北京、上海、南京、广州、深圳等，其地铁自动售检票AFC系统的票卡媒介一般都采用非接触式IC卡，并且都已成功实现"一卡通"业务，即除在地铁系统换乘之外，还可以实现在公交、出租、轮渡、市郊铁路等系统的换乘；另外，还可以实现在停车场、加油站、便利店、超市、影院等地的刷卡消费。该技术还将在其他领域里不断完善。

【拓展】上海地铁车票的发展历史

上海地铁自1993年开始运营，最开始使用的是纸质手撕车票，如图2-1所示，车票分为存根、票面主信息联、出站联、进站联，采用人工售票、检票方式。乘客购票后，存根联由车站留存，乘客持票进站，工作人员撕下进站联，出站时检票撕下出站联，票面主信息联可作为报销凭证，由乘客保存。

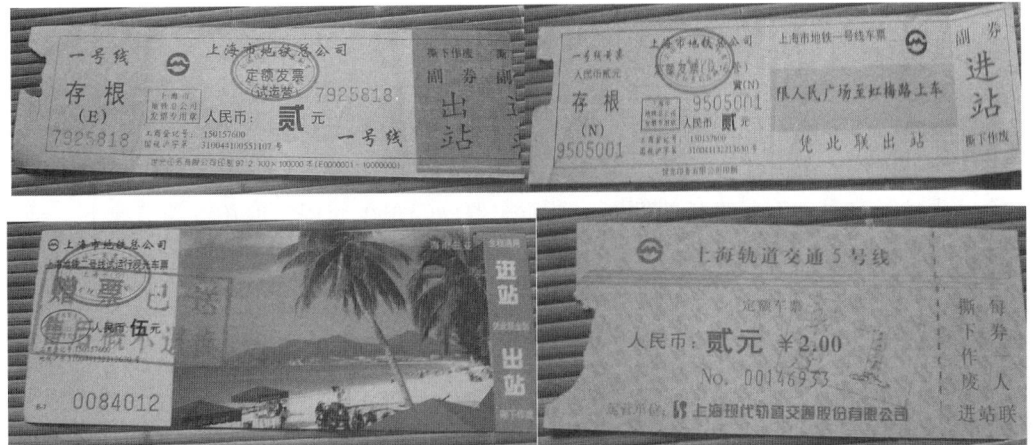

图2-1 上海地铁纸质车票样式

2003年开始，上海地铁采用磁卡票，如图2-2所示，采用自动售检票方式。磁卡型单程票可以重复使用，提高了售检票的效率并节约了成本。自2005年开始，上海地铁采用一票通，如图2-3所示，到现在仍在使用。

图2-2 上海地铁磁卡车票样式

图2-3 上海地铁一票通样式

任务二　车票的分类

【学习目标】

（1）了解车票的主要类型；
（2）掌握各类车票的优缺点。

【任务分析】

不同类型的车票适应不同时间的需求，本任务主要按照读写方式来对车票进行分类，并介绍各类车票的适用场合和优缺点。

【相关知识】

一、纸票

车票最开始的形式是纸质车票（见图 2-4），纸质车票不可重复使用，不符合环保和节约的要求。而且采用人工方式售检票，需要运用大量的人力，效率低下，同时也给轨道交通的收益管理造成了漏洞。随着时代的发展，纸质车票已经很少使用，但在特殊情况下，纸质车票还有它的使用空间。

图 2-4　纸质车票

1. 普通纸票

普通纸票是将车票的信息通过印刷、打印等方式记录在票面上，由票务人员视读确认。车票信息通常包括：车票编号、售票车站、乘车日期、车次、乘车区间、金额、时间限制以及乘车要求等，主要用于向乘车人说明乘车信息，也方便票务人员检票。

普通车票只能人工检票，只能使用一次，可作为报销凭证。普通纸票一般由存根、主券、进站副券和出站副券组成。存根作为车站收益稽查核实时使用；副券作为进出站检票使用；主券留给乘客，供乘客收藏或作为报销凭证使用。

普通纸票由于信息可视，保密性较差，容易伪造，因此需要增加一些防伪措施，可在票面加印加密图形等安全信息。但其有效性检验需要靠人工视读实现，因此容易带来困难。也可用特别的活动或广告作为加密图形题材。

【拓展】正常情况下纸票的操作程序

（1）乘客进出站时，检票人员撕下纸票的副券一。

（2）乘客出站时，检票人员核查乘客所持纸票上的站名、日期章以及纸票票价无误后，撕下乘客的副券二。对超程使用 1 元纸票出站时，车站人员也需撕下相应的副券联。

（3）若乘客的车票超程时，需在票务处补足相应的车费（乘客携带行李票超程时，乘客需补交行李相应的超程费用）。

普通纸质由于所有信息都印制在票面上，故其保密性不好，容易伪造，需要增加一些防伪措施，可在票面上印刷加密图形等安全信息，但同时也会给视读带来较大的困难。车票的有效性只靠加密图形来保证。设计纸票时，可根据应用环境确定纸票的相关信息，加密图形可以以节日、大型活动或商业广告为题材。

2. 条形码纸票

条形码是在商品流通、图书管理、邮政管理、银行系统等许多领域都得到广泛应用的图形标识符，其用宽度不等的多个黑条和空白，按照一定的编码规则排列，用以表达一组信息。条形码可分为一维和二维两种，需由特定的机器识读。条形码纸票是将车票信息进行编码，经机器识别后，转换为车票信息。条形码车票在使用过程中不能进行信息写入，信息写入是一次性的，使用过程中可以读取。因此条形码车票是一次性车票，不可重复使用。在我国铁路和汽车客运的车票普遍采用此种方式。

条形码纸票在我国城市轨道交通系统内主要在早期（如北京地铁）使用过，采用人工售卖、机器识读方式，如图 2-5 是北京地铁曾使用过的条形码纸质车票。

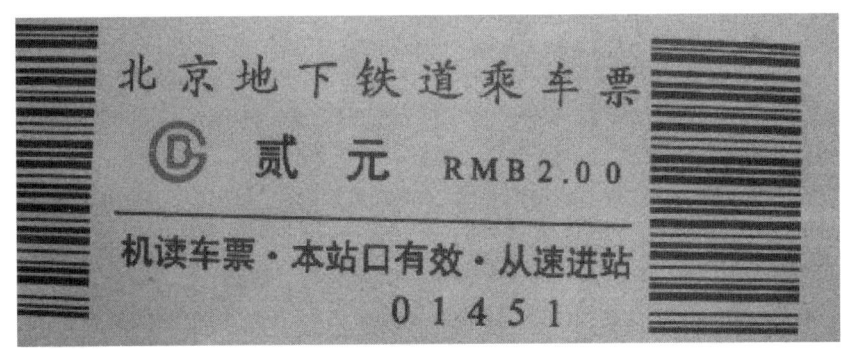

图 2-5 北京地铁条形码纸票

（1）条形码的优点

① 可靠性强。条形码的读取准确性远远超过人工记录，平均每 15 000 个字符才会出现一

个错误。

②效率高。条形码的读取速度很快,相当于每秒 40 个字符。

③成本低。与其他自动化识别技术相比较,条形码技术仅仅需要一小张贴纸和构造相对简单的光学扫描仪,成本相当低廉。

④易于制作。条形码的编写很简单,制作也仅仅需要印刷,被称作为"可印刷的计算机语言"。

⑤构造简单。条形码识别设备的构造简单,使用方便。

(2)条形码的特点

条形码纸票具有信息储存量较大、自动识别速度较快、读码效率较高且纠错能力较强的特点,可提高检票系统的处理速度和识别功能,有利于车票的自动化检测。但条形码的车票只能在购票时记录站名和发售时间,无法记录进站时间和闸机编号等统计信息,对及时管理票务系统有一定的影响。

条形码的大小、长短可以任意调节,能够打印在狭小的空白空间。在支票上增加条形码虽然会增加车票的成本,但同时可提高防伪能力和检票效率。由于条形码的信息量有限,可以拷贝复制,在一些安全性要求不高的场所可适当使用。读写过程中,在某些客流量不大的场合,可不采用吞吐卡设备,直接在激光扫描平台扫描条码,操作简单成本较低,维护和使用也比较方便。

对于出票系统的打印机而言,其技术要求就是出票速度快。因此一般将票面的一些固定信息预先印刷在票面上,出票时仅打印当时的必要信息,以减少打印量从而提高打印速度。

【拓展】北京地铁纸票历程

1971 年 1 月 15 日,北京地铁一期工程工程线路开始试运营,凭单位介绍信在各车站购票,单程票一角。

1987 年 12 月 19 日,北京地铁环线建成通车后,一线及环线两线地铁票都定为一角。

1990 年 9 月,"盼盼"登上地铁车票。

1991 年 1 月 1 日,北京地铁票价调整为五角。

1992 年,车票出现真正的商业广告。

1996 年 1 月 1 日,北京地铁开始调整地铁票价,普票从 0.5 元调至 2 元。

1999 年 12 月 10 日,北京票价调整为 3 元。

2002 年年底,北京地铁车票实行色标管理:其中地铁 1 号线车票颜色为粉红色,2 号线(包括两个换乘站)车票颜色为湖蓝色。

2003 年 1 月 9 日,地铁 13 号线正式贯通全线试运营,单程票 3 元。

2007 年 10 月 7 日,北京地铁实行单一票制,统一为 2 元。

2008 年 6 月 9 日,北京地铁全部实行自动售检票,纸质车票退出历史舞台。

二、磁卡票

磁卡是指通过卡片上的磁层或磁条上的磁道记录信息的介质,磁条可以记录字母、字符及数字信息，其所能记录的信息量比二维码多，还可以进行读写。磁条可以粘贴在卡片表面，也可以粘在纸层或塑料片中，形成纸质或塑制磁卡。使用磁卡作为车票信息记录的媒介，就是磁卡票。

磁卡票在使用中可以使用机器读写且可以重复使用，可以节约成本和资源。但其磁条经过多次使用会造成消磁情况出现，需要较大人力物力进行回收和处理；其数据读写过程容易受到外界磁场因素的干扰，造成存储信息错误等问题；磁卡票的存储量有限，使用次数也有一定限制；安全性不高，容易被复制伪造。

磁卡票作为车票媒介的一种，也曾在城市轨道交通票务系统中占据重要的角色，在我国多个城市的城市轨道交通票务系统中都有使用，图2-6为上海城市轨道交通曾使用过的磁卡票。

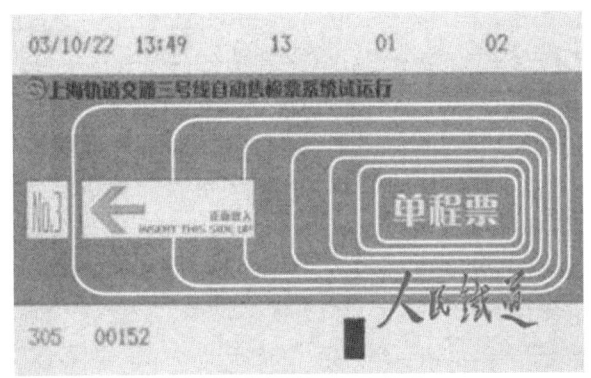

图2-6　磁卡票

1. 磁卡设计

磁卡车票的设计首先要满足系统的技术要求，其次票卡的大小要尽可能的标准化，然后根据需要设计各种图案、文字和号码，根据使用环境确定信息储存的磁道。ISO 7810：1985规定了卡的物理特性，包括卡的材料、构造、尺寸。

磁卡上的磁涂层是一层薄薄的、排列定向的铁性氧化粒子组成的材料，用树脂黏合剂严密地黏合在一起，贴在诸如纸和塑料这样的非磁基片媒介上，因此形成了纸质磁性票卡和数字磁性票卡。

2. 磁卡的优缺点

磁性票卡技术在20世纪70年代有所发展，围绕持票的自动售检票系统设备应用已久，从技术上讲还是比较成熟的，其具有以下优点：

（1）可以进行机读，提高了自动化程度。

（2）可以方便地进行票卡制作，生产成本较低。

（3）可以循环使用，降低能源消耗。

但由于磁性票卡运营成本较高，进一步推广比较困难，主要表现在以下几个方面：

（1）票卡成本相对较高，虽然可采用回收重复使用模式，但因要对客票进行消毒处理、提供报销凭证、客票回收后各站对其清空与分配的问题，给运营单位增加了负担。

（2）自动售检票系统要频繁地对磁卡票进行接触式读写，不可避免地每天投入大量人力、物力对磁头进行消磁和除尘清洗。

（3）磁卡票的自动售检票系统设备由于需要较精密的传输机构，机械结构复杂精密要求高，因而设备造价较高，对维护人员的素质要求也较高。另外，由于机构动作频繁，造成机械磨损后的维护成本较大。

（4）磁卡的读写次数有限，当磁卡使用到一定次数后，就会对词条的读写产生影响。

（5）磁卡使用中容易受到诸多外界磁场因素的干扰而改变储存内容。

（6）由于密匙是随票携带的，极易被拷贝伪造，特别是现有的安全技术已难以满足越来越多的对安全性要求较高的应用需求。

三、智能卡

智能卡（Smart Card）本质上就是集成电路卡或IC卡（Integrated Circuit Card），其记录数据的介质就是卡片内的集成电路芯片，可以直接与存储器或处理器进行数据存取，封装后可通过射频技术与读写器间进行无接触式的信息交换。部分智能卡还配备有微电脑处理器和存储器，可以自行处理数据。智能卡是现代社会信息处理和传递的一种新型工具，也被广泛应用于城市轨道交通票务系统内。

根据其使用原理，IC卡可分为接触式IC卡和非接触式IC卡两大类。

根据非接触式IC卡操作时与读写器发射表面距离的不同，有三种不同的卡和相应的读写器，见表2-1所示。

表2-1　三种非接触式IC卡和读写器

IC卡	读写器	读写距离
CICC	CCD	紧靠
PICC	PCD	<10 cm
VICC	VCD	<50 cm

注：ICC：集成电路卡

1. 智能卡车票分类

（1）按照外形可以分为卡式（见图2-7）、筹码式（见图2-8）等。

图2-7　卡式车票

图2-8　筹码式车票

（2）按读写方式可以分为纸质票、磁卡票、IC卡等。

（3）按车票的使用性质可以分为单程票、储值票、许可票或特种票三类。

（4）按集成电路芯片可以分为存储器卡、逻辑加密卡、CPU卡和超级智能卡四类。

① 存储器卡

储存器卡的卡内芯片为电可擦除可编程只读存储器EEPROM，以及地址译码电路和指令一码电路。它具有数据存储功能没有数据处理能力，存储卡本身并无硬件加密功能只在文件上加密，很容易被破解。这种卡片存储方便、使用简单、价格便宜，在很多场合可以代替磁卡。由于该类IC卡不具备保密功能，因而一般用于存放不需要保密的信息。

② 逻辑加密卡

逻辑加密卡片除了具有存储卡的EEPROM外，还带有加密逻辑，每次读写之前要先进行密码验证。如果连续几次密码验证错误卡片将会自锁，成为死卡。加密逻辑电路可在一定程度上保护卡和卡中数据的安全，但只是低层次防护，无法防止恶意攻击。该类卡存储量相对较小，价格相对便宜，适用于有一定保密要求的场合。

③ CPU卡

CPU卡的芯片内部包含微处理器单元CPU、存储单元和输入/输出接口单元。CPU管理信息的加/解密和传输，严格防范非法访问卡内信息，发现数次非法访问，将锁死相应的信息区。CPU卡的容量有大有小，价格比逻辑加密卡要高。但CPU卡良好的存储处理能力和保密性能，使其成为IC卡发展的主要方向。CPU卡用于保密性要求特别高的场合。

④ 超级智能卡

在CPU卡的基础上增加键盘液晶显示器、电源，即成为一超级智能卡，有的卡上还具有指纹识别装置。

（5）按读写方式划分，可以分为接触式IC卡、非接触式IC卡和双界面卡。

① 接触式IC卡

接触式IC卡是将智能卡的绝大部分电气部件进行封装,而将外部连接线路做成触点外露,按一定的规则排列接触点极。在进行读写操作时，卡片必须插入读写器的卡座中，通过触点与读卡设备交换信息。

与磁卡相比较，接触式IC卡具有以下优点：

a. 储存容量大。磁卡的储存容量大约在200个数字字符；IC卡的储存容量根据型号不同，小的几百个数字，大的上百万个字符。

b. 安全保密性好。IC卡上的信息能够随意读取、修改、擦除，但需要密码。

c. CPU卡具有数据处理能力。在与读卡器进行数据交换时，可数据进行加密、解密，以确保交换数据的准确可靠，而磁卡则无此功能。

d. 卡的抗磁性、抗静电及抗各种射线的能力，抗机械、抗化学破坏的能力也强，因此接触式IC卡的寿命比较长，其相关设备的维护成本也比磁卡低。

在接触式IC卡的普及过程中，逐渐发现了下列弊端：

a. 卡在读写器上经常拔插造成的磨损导致接触不良，从而引起数据传输错误。并且容易出现因为非卡外物插入，以及灰尘、氧化、脱落物或油污导致接触不良等情况造成的故障。

b. 由于集成电路芯片有一面在卡片表面裸露，容易造成芯片脱落、静电击穿、弯腰、弯曲、扭曲损坏等问题。

c. 卡片触点上产生的静电可能会破坏卡中的数据，如果因环境腐蚀以及保管不当，可能会造成卡触点损坏使 IC 卡失效。

d. 接触卡的通信速率较低，再加上插拔卡的动作延误，造成每一笔交易需要较长的时间等待，严重影响其在需要快速响应场合的应用。

② 非接触式 IC 卡

非接触式 IC 卡通过智能卡的收发天线与读写设备交换信息。非接触式 IC 卡又称射频卡，由 IC 芯片感应、天线组成，封装在一个标准的塑制卡片内，芯片及天线无任何外露部分。它成功地将射频识别技术和 IC 卡技术结合起来，解决了无源和免接触这一难题，是电子器件领域的一大突破。卡片在一定距离范围内靠近读写器表面，通过无线电波的传递来完成数据的读写操作。

非接触式 IC 卡本身是无源体，它与读卡器之间通过无线电波来完成读写操作。二者之间的通信频率为 13.56 MHz。当读写器对卡进行读写操作时，读写器发出的信号由两段信号叠加组成：一部分是电源信号，该信号由卡接收后，与其本身的 l/C 产生谐振，产生一个瞬间能量来供给芯片工作。另一部分则是结合数据信号，指挥芯片完成数据修改、储存等，并返回给读写器。读写器则一般由单片机、专业智能模块和天线组成，并配有与 PC 的通信接口、打印口等，以便应用于不同的领域。

由于接触式 IC 卡所形成的读写系统，无论是硬件结构，还是操作过程，都得到了很大的简化，同时借助于先进的管理软件即可脱机的操作方式，都使数据读写过程更为简单。

非接触式 IC 卡按需要可封装为方式卡型、筹码型或者其他形状。方式 IC 卡其外形和磁卡比较相似。筹码型 IC 卡是在直径为 30 mm、厚度为 2 mm 的非金属材料圆盘内，嵌装集成电路芯片及天线，通过电感耦合的方式与筹码读写器进行操作的 IC 卡，简称筹码（TOKEN）。广州地铁是世界上首家使用筹码型 IC 卡单程票（TOKEN）的公交企业。

筹码型 IC 卡与方卡型 IC 票卡在终端设备、系统结构和应用软件等方面基本一致，只是筹码型 IC 票卡的传送可以依靠重力和滚动，显然筹码型车票的处理装置结构最为简单，维护工作量也小，但是给车站运营管理带来便利的同时也存在相应的问题。由于筹码型车票尺寸太小容易丢失，在运营初期，筹码的大量流失会给企业经济带来一定的影响。而方卡型 IC 票则要依靠专门的传输装置，因此，终端设备的结构及维护等都比较复杂但方卡型车票容易携带，也比较符合一般乘客的使用习惯。

③ 双界面卡

双界面卡是基于单芯片的集接触式与非接触式接口为一体的智能卡，这两种接口共享一个微处理器、操作系统和应用数据 EEPROM。卡片包括一个微处理器芯片和一个微处理器相连的天线线圈，由读写器产生的电磁场提供能量，通过射频方式实现能量体供应和数据传输。

2. 智能票卡车票的基本要求

城市轨道交通使用的车票物理特性要符合 ISO/IEC14443 的规定，应用要符合 CJ/T166 的规定要求。

（1）卡片型车票的尺寸标准如表2-2所示。

表2-2　卡片型车票的尺寸规格

种类	尺寸规格							
	长/mm		宽/mm		厚/mm		切角半径/mm	
	最小	最大	最小	最大	最小	最大	最小	最大
储值票	85.47	85.72	53.92	54.03	0.68	0.84	2.88	3.48
单程票					0.4	0.58		

（2）筹码型车票的尺寸规格及重量标准

直径：（30±0.3）mm；

厚度：Ⅰ型（2±0.2）mm；Ⅱ型（3±0.3）mm；

筹码的重量偏差应不大于5%。

（3）筹码型车票的其他要求

a. 储值票芯片的存储容量应不小于1 KB，单程票芯片的存储容量不小于512 Bit。

b. 储值票芯片的读写次数应大于100 000次，单程票芯片的读写次数应大于10 000次。

c. 车票要具有防冲突的功能。

d. 储值票完成一次读写的处理时间不大于300 ms；单程票不大于200 ms。

任务三　车票的定义和使用规则

【学习目标】

（1）了解车票的定义分类；

（2）掌握各类车票的使用规则。

【任务分析】

车票按照在自动售检票系统中的作用会被赋予不同的定义，适合于不同的票务需求，本任务主要介绍自动售检票系统中车票的主要定义类型和各自的适用规则。

【相关知识】

一、单程票

1. 单程票的定义

单程票是指乘客以一定金额购得一次出行服务，只可以进行一次进站和一次出站活动的车票。单程票一般可以重复使用，出站时需回收，不能充值，不能挂失。单程票是城市轨道交通票务系统中常见的一种票卡类型，其主要特点是它只能使用一个单程即一次进站和一次出站，是乘客购买了单次出行服务的凭证，单程票的有效期和乘车区间是可以即时更新定义的。

（1）单程票的分类

我国现在常见的单程票按照外观可以分为卡片型和筹码型。从应用的角度可分为普通单程票和预制单程票，其中普通单程票是指通过车站自动、半自动售票机发售，通过自动检票机检票、回收，可在自动售检票系统内循环使用的非接触式IC卡；而预制单程票则是经过编码/分拣机预先赋值的单程票，可在必要时候通过人工方式售卖，出售后其使用方法与普通单程票一致，但回收后需被分开保存。

根据用途，单程票又可以分为普通单程票、应急票、优惠票和出站票几种，其中应急票除了包括预赋值单程票外还包括应急专用单程票。应急专用票是对车票进行了应急专业编码，进站时免费发放给乘客，出站时再办理补票，主要用于车站大客流情况；优惠票则适用于根据条件需要给予一定的折扣和优惠的情况，如团体购票等；出站票则是当乘客补票后，需要出站使用的车票，仅用于本站出站。具体分类及使用情况见表2-3所示。

表2-3　自动售检票系统单程票的分类和使用情况表

序号	票种	定义	规格	挂失	出站回收	限当日使用	再次充值（次）
1	普通单程票	当日一次乘车使用，限在购票车站进站，按乘车里程计算	Mifare®Ultra Light	×	√	√	×
2	出站票	由半自动售/补票设备发售，仅限发售出站票的车站当日时使用	Mifare® Ultra Light	×	√	√	×
3	应急票	由编码/分拣机编码定义并赋值，车站根据情况人工发售，当日使用	Mifare® Ultra Light	×	√	√	×
4	优惠票	使用于持可免票证件的乘客在半自动售/补票设备换取的车票，使用方式同单程票	Mifare®Ultra Light	×	√	√	×

（2）单程票的编码定义

单程票的编码定义主要是指对单程票的分类区分过程。单程票在城市轨道交通运营系统内的使用需要进行定义，单程票的定义主要是通过票务室的编码/分拣机进行，主要是对单程票的有效期、性质、卡内赋值等进行设置，不同类型的单程票定义参数不一致，编码定义后的单程票信息不能随意修改，如有需要可以重新回收再次编码定义。具体解释可见本章节附录部分。

（3）单程票的初始化

单程票的初始化主要是指将车票的编码定义信息写入票卡的过程，包括车票的分类定义、编号、有效期等信息，还包括车票与系统之间的安全信息，保证单程票的信息进入系统，并可以在系统内正常使用。

初始化过程也有专门的机构进行，通过设备读取车票上唯一的物理编号，验证密码成功后，可将车票的编码信息写入车票，并尝试完成车票的信息读取。初始化后的车票信息将进入中央数据库中，车票即可在 AFC 系统内被使用。

2. 单程票的使用规则

单程票的使用规则各个城市轨道交通企业规定不一，其最基本的规则是：单程票只可使用单程，即当日内只可使用一次乘车服务。按照先进后出的顺序，进站时需通过自动检票机检查车票有效性，出站时再检查有效性后回收；单程票使用时不可挂失，不可充值，可通过自动检票机回收再利用。单程票在使用过程中出现问题可以通过半自动售票机进行更新，但如果出现过期、被恶意篡改信息、无法读写的问题时，单程票将无法继续使用，需被回收处理或报废。

单程票的有效期和有效区间可以通过系统设置。单程票可以定制或者进行采购，采购回来后经过清分系统的初始化，给车票写入密钥和系统定义的票卡类型、编码和有效期的信息后，可以在轨道交通的内部系统内循环使用；初始化完成后再配发到车站，经过自动售票机或票务处理机进行发售，乘客乘坐地铁出站时经过出站闸机自动回收，回收后可以在车站循环使用。异常车票在车站进行回收后重新进行初始化。

二、储值票

储值票是指可反复进行充值，在余额足够的情况下可以多次使用，每次使用时根据费率扣除乘车费用的车票。储值票的余额有一定上限，根据不同城市轨道交通系统设定。

储值票一般分为记名储值票和不记名储值票。记名储值票卡内保存持卡人的个人信息，如持卡人的姓名等；卡面可根据需要印刷持卡人的姓名等信息，可以进行挂失，并可以享受发行单位的相应优惠或特殊服务，一般不能进行转让和退还，比如个人记名储值票、学生票、员工票、家属票、老人免费票、残疾人免费票、伤残军人免费票等。不记名储值票上无持票人的个人信息，如果使用完后没有折损就可以进行退卡和退钱，可以回收重复使用，但是不记名储值票不能挂失，也不具有记名储值票可以享受的优惠或特殊服务。

储值票一般由专门的机构制作，通过相应的营业网点和代理机构进行发售，使用时限单人使用，发售时根据储值票的成本收取一定的押金，乘客乘坐交通工具按票价政策规定计费，超时按照运营票务规定需要补交滞留超时费用，出站时不需要回收。储值票的退换一般由发卡单位或受委托运营单位负责，在正常运营的情况下，车站票务处理室也可进行储值票处理。

储值票也分为普通储值票、优惠票和纪念票，使用情况和单程票类似。

三、一卡通

一卡通的载体也是智能卡，它利用卡片这种特定的物理媒介，实现从业务数据的生成、采集、传输到汇总分析的信息资源管理规范化和自动化。一卡通在公共交通领域的应用主要是由于现有公交体系存在的人工售检票问题，使用一卡通的好处在于：减少在零售机上、售票柜台中数硬币和清理纸币及运送现金到银行户头上的现金运作成本；减少在零售机上的现金运用，可防止小偷和罪犯蓄意攻击、破坏机器钱箱，并能节省大量人力资源；交易无须插拔卡和固定方向，简单、方便、快捷；一卡多应用，降低发行费用，方便持卡人；乘车交易无需等候，减少等待或延迟时间；提高系统工作效率、降低系统运行费用；机具全封闭，适应恶劣工作环境；非接触操作，避免机械磨损故障；机具故障率低，易于维护和更换。

 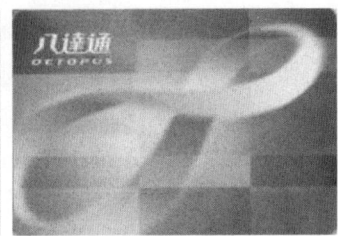 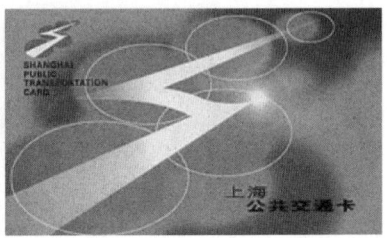

图 2-9　我国常见一卡通卡

一卡通在国内的应用已经非常广泛，在国内一些大城市如北京、上海、广州、深圳、南京等地都已广泛应用于城市轨道交通系统。图 2-9 为各城市的一卡通。

四、其他票卡

许可票是一种特殊票种，由运营主体根据特殊需要或者针对特出群体的特殊需求，用以吸引或方便他们乘坐轨道交通。许可票被赋予了特定的使用许可，在限定条件下具有一定的优惠，主要包括日票、周票、月票、旅游票、公务票和测试票。

（1）公务票，是一种供轨道交通相关从业人员工作使用的车票。

（2）测试票，是一种对自动售检票系统设备进行维修诊断用的特殊车票，只能在设备处于维护模式由维修人员测试设备时使用。

（3）应急票，有两种情况：一是预先对一定数量的车票进行赋值，写好相应的面值，由车站工作人员人工发售，使用方法和普通单程票相同，是对自动售票设备工作能力不足的补充；另一种就是将票卡进行应急专用赋值，在进站时发放给乘客，当乘客到达出站时要根据乘坐情况进行补票，由于乘客会在出站时补交乘车车资，有利于将进站的客流压力进行分散，此情况可以解决大客流时候进站时售票能力不足的问题。

（4）出站票，用于出站时补票使用，和单程票出站一样需要回收，当日出站有效。

（5）计次票，被赋予固定乘次许可，在有效期内可以重复使用，只计次数，不计里程，例如月票、周票等。

任务四　车票的管理流程

【学习目标】

（1）了解车票的主要管理流程图；

（2）掌握车票的各个管理流程具体内容。

【任务分析】

车票在 AFC 系统内进行信息的记录与传递，是作为重要的信息媒介，其使用过程有一套严密的流程，本任务主要介绍车票在自动售检票系统中的使用管理流程，包括车票的管理流程图，车票的赋值发售、使用、回收、清洗等。

【相关知识】

车票由生产厂商制作完成，进入系统后进行初始化和编码，然后经过地铁总票务室对车票进行配发，经过一段时间的运营后，根据各站的客流和车票需求，对车票进行站与站之间的调拨或者是再发行。车票经过在车站的使用后，经过一段时间达到有效期或出现其他问题，将被收缴到地铁票务室。这是车票在整个城市轨道交通系统内的流通过程。它涉及一些具体的管理过程，以下就是主要的管理过程说明。图 2-10 为可回收车票的流转流程图。

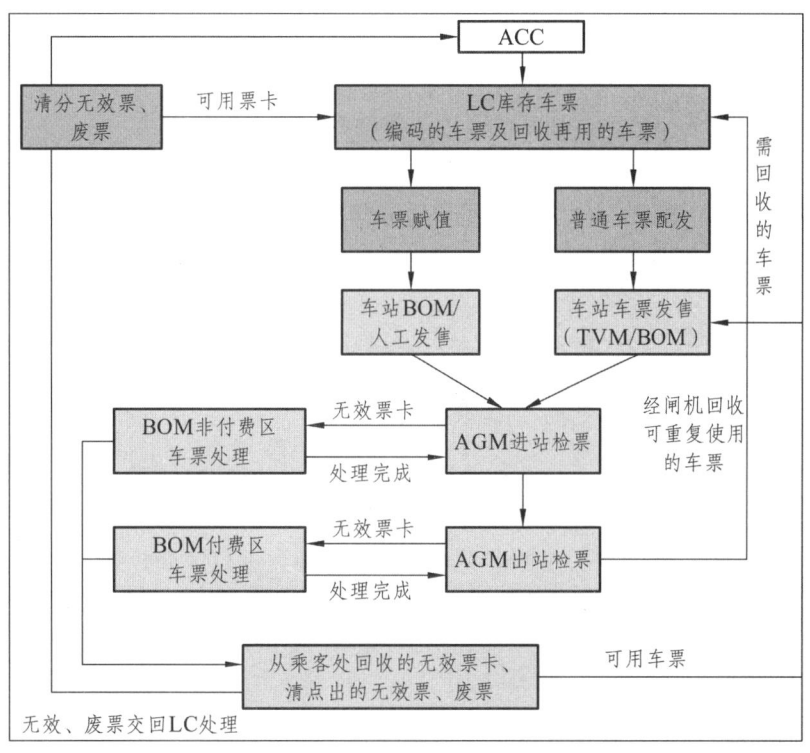

图 2-10 可回收车票的流转流程图

一、车票的状态定义

根据不同分类方式，车票可以分为不同状态，车票的状态对于处理车票是非常重要的信息。
（1）根据车票出入站的状态来分，车票可以分为"已入站"和"未入站"两种状态，这是判断车票状态与乘客所处状态是否一致的重要信息,能够为处理票务问题提供依据。

① "已入站"是指车票在进站闸机刷卡后的状态,已被写入了进站码等进站信息;

② "未入站"是指车票初始化后,经车站自动、半自动售票机发售后,还未经过进站闸机刷卡使用时的状态,只有出售信息,还未写入进站信息。

处于"未入站"状态的车票在符合条件时,可以退票,但处于"已入站"状态的车票将不能退还。

(2)根据是否被发售,车票可以分为"未售"、"已售"和"回收"三种状态,这个信息主要用于对车票进行站内流转的判断。

① "未售"是指车票经过初始化后配发到车站,还未被发售前所处的状态;

② "已售"是指车票在车站经自动、半自动售票机发售后所处的状态,其中预制单程票经过初始化后配发到车站就已处于"已售"状态;

③ "回收"是指单程票由出站闸机回收后所处的状态,或者售出后被退票后所处的状态;储值票经过退票处理后也处于"回收"状态,处于"回收"状态的单程票可以进行循环使用。

二、车票的交接

在车票的配发、上交、调拨和站内票务工作中都存在车票的交接。

车票在交接时要遵循一定的原则和程序,如车票在交接过程中必须进行封装,车站接收人员必须依据相应的配票单据当面检查车票包装和封装是否完好,确认封条与配发单据所写票种、数量一致后在单据上签名,并将车票存放在相应的区域,然后进行相应的台账登记和数据录入。

车票交接时需要填写的单据会有所区别,但总体原则不变:

1. 站内工作人员间车票交接

站内工作人员的车票交接主要在交接班时进行,交接时需要依据《车站票务交接班登记本》上的记录进行。站务员对车票的领取则需要填写在《售票员结算单》上,配票及结算时相应的表格上都需要填写完整。票务室内对车票要分种类进行区分封装,根据封装封条所载信息进行交接,车票出现问题时填写相应的《票务事件说明》,表格随车票一起交接。

2. 车站与票务室之间的交接

车站与票务部之间的交接主要体现为车票的配发和上交过程。车站接受票务室配票时,需根据随票的"配给单"进行核对并签收,同时还需要在车站的《车站营收日报》和《车站票务交接班登记本》上记录,上交车票时车票要分类按要求封装,填写"上交单",车票随报表一起上交。

3. 其他交接

借票和归还车站车票仅限出借给AFC专业人员、票务稽查人员、票务审核人员,除此之外要经票务室许可,未经允许严禁外借给其他人员。

借出时要填写"借出记录表",确认车票信息后签字,车票借出后原则上要在当天归还,除了已被出闸闸机回收的车票,但需要在"借出记录表"上注明原因。车票在归还时,要封入专业信封,"工"字加封,连同"借出登记表"一起上交,如果是 AFC 专业人员测试完毕后需提交相应的数据。

三、车票的加封

(1)车票的加封根据车票的不同种类,采用不同的封装容器和不同的封装方法,如特制票盒、钱袋或票务专用信封等,也可以直接对车票进行加封。

(2)对车票实施加封时,应两个人一起加封,且两人之间要有级别差异,能够相互监督。加封后,封条上必须注明加封内容(含车票种类、车票数量等)、加封车站、加封人和加封日期。

(3)用不同的封装容器时,采用不同的加封方式,如钱袋加封时,应将钱袋口用封条缠绕扎紧加封;使用票务专用信封加封时,应用"工"字加封,图 2-11 所示。具体过程为:将车票放入信封后,将信封口封住,再用封条将信封背面的接缝处封住,最后在信封背面封条骑缝处及封面上盖章或签字;使用封条直接对车票加封时,采用"十"字加封法(图 2-12 所示),将车票整理整齐后用封条进行直接加封。

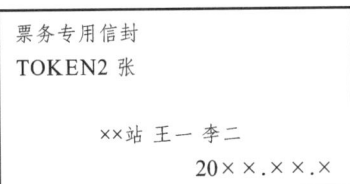 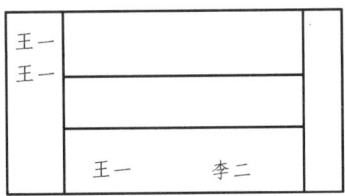

图 2-11 "工"字加封示意图(正面、背面)

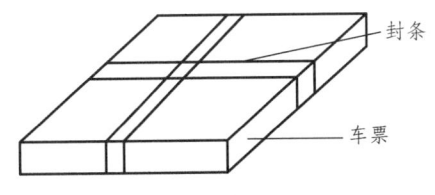

图 2-12 封条直接加封法

四、车票的保管

(1)车票在任何时候都只能存放于 AFC 票务室,票务处理机、自动售票机、出站闸机等处,除特殊原因外,任何人不可在其他地点私存车票,防止票务风险。

(2)车票在运送途中要对运送容器进行封闭上锁。

（3）车票在任何地点存放都要有专人负责，一旦发生丢失、损坏，应按规定追究责任。

（4）在有监控条件下，任何车票在清点、交接时，均需在监控摄像头有效范围内进行操作。

（5）车票的存放分区域，一般分为"循环区"和"上交区"。在"循环区"存放的车票主要是车票主管部门（票务室）配发或调配的普通单程票；车站闸机回收的是普通单程票；运营结束后自动售票机票箱结余的为普通单程票；结束运营后单程票人工回收箱分拣出的为可用单程票。"上交区"主要存放从自动售票机、票务处理机、单程票清分机等设备产生的废票；运营结束后单程票人工回收箱分拣出的废票、已售单程票、无效单程票、过期预制单程票等。

（6）预制票由于已赋值，处在"已售"状态，应等同现金管理。为确保预制单程票的安全，车站应将预制单程票放置在保险柜内保管。存放时要注意以下要点：一是不同价格的预制票不能混放；二是不同有效期的预制单程票不能混放。对于已经过期的预制单程票，则要放在票柜的"上交区"保管。储值票由于本身的成本较高，其保管和预制单程票一样，需要放入保险柜内存放，由客运值班员负责，每班要进行交接。

（7）当保管的车票数量发生变化时，须在相关台账上进行登记或在台账系统录入数据。为确保车票安全，车票的保管区应设立在车站票务室且专用，平时须上锁，钥匙由客运值班员负责，每班要进行交接。

五、车票的清洗

车站重复使用的车票经过一段时间的使用，会产生不同程度的污染，尤其是单程票，因此，需要定期回收进行清洗。为了方便进行清洗，系统对车票定义了有效期，方便车站对车票进行定期清洗。票卡的清洗一般由专门的票卡清洗机完成。需要进行清洗的票卡包括以下几类：经过一段时间使用，回收回来状态良好的单程票；经过票务处办理退卡业务的储值票。

地铁单程票一般由专用票卡清洗机清洗，该机器在设定好程序后可自动运行，通常采用清水和专用洗涤剂清洗。先把脏票放到待洗卡槽，机器就会自动对进入卡槽的票进行清洗。按流程，单程票进入洗涤箱，进行简单的"泡澡"之后机器里的毛刷会对单程票进行"搓澡"，洗完之后清洁箱会对单程票进行"淋浴"，用清水冲刷掉残留的洗涤液和泡沫，最后到烘干箱进行烘干。根据票面的污损程度，机器还可以调整洗涤速度，一般情况下，每台机器每小时可以清洗两三千张。

六、车票的信息传载过程

（1）车票自动售票机或者人工售票机上出售，并写入"出售记录"（如出售时间、线路车站号、售票设备编号、车票赋值/余值等）信息。

（2）车票经进站检票机检票，在进站检票机处写入"进站记录"（如进站时间、进站线路车站号和进站检票机编号等）信息。

（3）车票经过出站检票机检票，对不同类型车票进行不同处理，如储值票将在出站时写入"出站记录"，扣除车资；对单程票进行回收，并清除票卡上的上一次发售、进站和出站等运营信息。

相关名词解释

（1）废票：经过人工车票回收箱、设备废票箱及其他非正常情况回收的单程票。

（2）无效票：由自动售检票系统发售票外观没有损坏，经人工售/补票机检验无法更新且系统无法读取数据的车票。

（3）初始化：由专门机构利用编码/分拣机进行，给车票分配系统内的逻辑编号，并生成车票相关的安全数据的过程。

（4）车票编号：可分为卡面编号、物理编号和逻辑编号。

① 卡面编号，指票卡生产厂商在制作车票媒介时印刷在车票表面上的系列编号，可表明生产者代码、批次等信息；

② 物理编号，非印刷的媒介产品序列号，由厂商在出厂时写在车票芯片内，可与卡面编号一致；

③ 逻辑编号，为了方便自动售检票系统对车票进行跟踪管理或者针对某些车票进行功能设置，由编码机对票卡进行写入的系列编号。

（5）已售：车票经过售检票设备售出时所处的状态，预制单程票经过初始化赋值后也处于此状态。

（6）未售：指车票经过初始化配发至车站且未经车站发售前所处的状态。

（7）回收：单程票经由出站检票机回收后所处的状态，或者经过票房退票处理后所处状态，储值票经过退卡处理后也处于此状态。单程票处于回收状态后可在车站售检票系统内循环使用。

【动起来】

收集你熟悉或感兴趣的一个城市轨道交通票务系统内的车票资料。

【成果要求】

1. 根据调查结果编写一份你所调查的城市轨道交通票务系统内的车票调研报告，调研可以是非实地调查。

2. 调研报告以 PPT 形式呈现，需图文并茂，可以涵盖以下几个内容：

（1）所调查的城市轨道交通票务系统的车票发展历史及现状；

（2）该城市轨道交通票务系统的主要车票种类；

（3）该城市轨道交通票务系统的车票使用情况或规定；

（4）其他的有关内容。

【复习与思考】

1. 城市轨道交通自动售检票系统中常见的票卡种类有哪些？
2. 车票在城市轨道交通系统内需要经过哪些管理过程？

3 城市轨道交通自动售检票系统终端设备

【主要内容】

自动售票机
自动检票机
半自动售票机
其他终端设备

任务一 自动售票机

【学习目标】

（1）掌握自动售票机的定义；
（2）掌握自动售票机的结构和各部分的功能；
（3）掌握自动售票机的基本操作和简单故障处理。

【任务分析】

自动售票机作为自动售检票系统的主要终端设备之一，是进行自动售票的主要工具，它的工作好坏将直接影响到车站的车票出售工作，本任务主要介绍自动售票机的功能、结构和基本操作。

【相关知识】

自动售票机（Ticket Vending Machine，简称 TVM），设于车站非付费区，用于乘客自助式购买单程票和对储值票进行充值。

一、自动售票机的功能

自动售票机的基本功能是通过乘客的自助式操作完成自动售票。自助购票的基本过程包括购票选择、接收购票资金、自动出票及找零等过程，在必要时还可以打印充值凭证等。自动售票机可接受硬币和纸币购买单程 IC 票卡，自动售票机也具有对"一卡通"卡和地铁专用储值票进行充值的功能。同时，自动售票机预留银行卡的数据接口和电气接口及物理空间，方便支付方式的扩展。

自动售票机主要实现如下功能：

（1）接受乘客的购票选择，并在购票过程中给出提示信息及操作指导。

（2）可以接受乘客投入的现金（或储值票、信用卡等其他付费介质）并自动完成识别，对无法识别的现金（或储值票、信用卡）予以退还。

（3）自动计算乘客投入的现金数量及购票金额，自动找零。

（4）自动完成车票校验、车票发售及出票。

（5）对各部件的工作状态进行自动监测，并向车站计算机系统上报工作状态。

（6）接受车站计算机系统下发的参数和控制命令，并执行相应的操作。

（7）存储并上传交易信息。

（8）对本机接收的现金及维护操作进行管理。

二、自动售票机的结构

自动售票机以主控单元为核心，辅以现金处理装置、乘客显示器、打印机、电源等模块。还可以根据需要，配置触摸屏、运营状态显示器、银行卡读写器及密码键盘等部件。自动售票机外观结构如图 3-1 所示，自动售票机内部结构如图 3-2 所示。

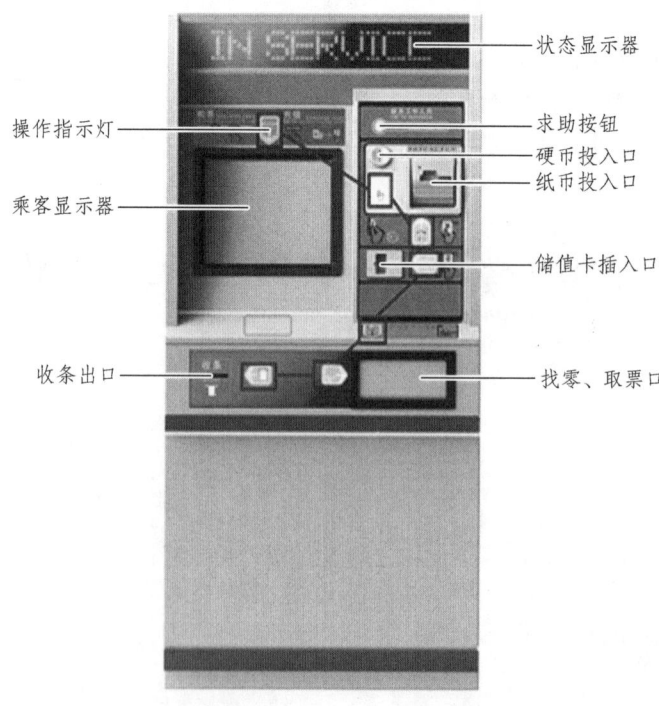

图 3-1　自动售票机外观结构

3 城市轨道交通自动售检票系统终端设备

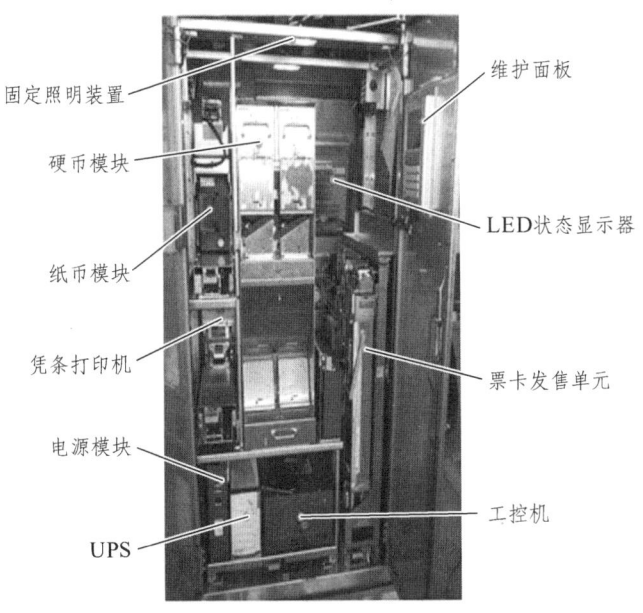

图 3-2 自动售票机内部结构

1. 主控单元

自动售票机 TVM 主控单元（也成为工控机）采用 32 位工业级微处理器，阻抗电磁噪声的性能良好（VCCI Class A），能一天 24 小时工作，并能提供充分的指定功能。即使电源中断，数据也不会丢失。主控制器主控制单元采用嵌入式工控机来实现，有良好的抗电磁干扰性能，能保证整机全天 24 小时不停机地稳定运行。主控制器负责运行控制软件，完成车票处理、现金处理显示、数据通信、状态监控等功能。

2. 现金处理模块

自动售票机内的现金处理设备关系到发售资金的安全，是自动售票机安全管理的最重要部件。现金处理设备按照功能可分为两大类，即现金识别设备和现金找零设备，如果按照现金的类型还可以进一步划分为硬币识别设备、纸币识别设备、硬币找零设备和纸币找零设备。

（1）纸币模块

纸币识别设备一般至少可以识别六种以上的纸币（同一面值但不同版本的纸币将被认为是两种纸币）。纸币识别设备通常包括入币口、传输装置、识别模块、暂存器和钱箱等部件。当纸币通过入币口被送入识别器后，纸币传输装置将纸币输送到纸币识别模块，识别模块对纸币进行面额和防伪标记的识别，合法的纸币将被送入纸币暂存器，不合法（无法识别）的纸币将被退还给乘客。当乘客取消交易时，纸币暂存器内的纸币可以从退币口（也可能是入币口）返还给乘客。当乘客确认交易后，纸币暂存器内的纸币将被转入纸币钱箱内。纸币钱箱采用全封闭的结构，通过两把安全锁来保证现金安全。当纸币钱箱从安装座上拆下时（即固定用安全锁打开时），钱箱入口将自动关闭，从而保证更换钱箱的工作人员无法直接接触到纸币。只有使用另一把钥匙才能将钱箱打开，清点收到的现金。

纸币处理单元的工作原理描述如下：

① 纸币处理器收到接受纸币指令，点亮进币口绿色指示灯，提示机芯工作正常，可以插入纸币。

② 乘客将纸币平整的插入到进币口，纸币机芯模块对插入物证进行初步判断，如认定为纸币，则打开进币口电动机，吸入纸币，并自动纠正没有垂直插入的纸币。

③ 吸入的纸币进入传送通道，在纸币识别区经传感器识别纸币合法性及面额特征，采用先进的纸币识别方法对纸币的真伪进行判断，如果纸币是真币且符合接受要求，将会被存放在纸币暂存区；如果为假币或非法纸币，将直接由退币口退还给乘客。

④ 如果本次购票交易成功，则将暂存区的纸币传送至缓冲区（压钞区），压入钱箱存储；如果交易不成功或取消交易，则将暂存区的纸币退还给乘客。钱箱设有位置检测传感器，可以对钱已满或将满的状态作出判断。如果钱箱已满，纸币处理单元关闭进币口，停止接受纸币。

（2）硬币模块

硬币找零设备比较复杂，一般至少应包括循环找零机构、补充找零机构、清币机构及硬币回收机构。硬币找零设备一般会与硬币识别设备采用一体化的设计方法，以提高处理速度和优化硬币模块的机构。所谓循环找零机构，是可以使用乘客投入的硬币来补充找零的找零机构，而补充找零机构需要人工添加硬币，通常在循环找零机构内的找零硬币不足时使用。当循环找零机构已满时，乘客投入的硬币将通过硬币回收机构回收到硬币钱箱中。但运营结束时，可以使用清币机构将循环找零机构（也有可能包括补充找零机构）中保存的硬币清空，被清出的硬币将被硬币回收机构回收到硬币钱箱中，以便车站管理人员进行清点。

硬币模块处理的基本工作原理描述如下：

乘客投入的 1 元硬币经过硬币识别模块识别后，进入暂存区，等待下一步的处理；不合格的硬币直接掉入出币口，返还顾客。当乘客取消交易时，硬币分拣机构将投入的硬币原币返还顾客。

当交易成功后，硬币分拣机构自动将硬币投入储币箱或找零中（当找零箱的硬币数量低于某一设定值时）。找零机构及找零箱构成硬币循环机构，可以将乘客投入的硬币用作找零。循环式找零钱箱中的硬币总是保持在一定数量（可由参数设定），如果进入的硬币超过这个数量将进入下面的储币箱，如果找零箱中硬币数量低于设定值，可由找零补充箱补充。硬币找零箱可分别存储1元硬币 1 500 个以上，找零出币速度可达 5 个/s。储币箱和补币箱可以互换，两者都有电子 ID，主机可通过指令查询票箱状态和身份。当钱箱从自动售票机的存放座位上取走时，钱箱的入币口会自动关闭，可防止更换钱箱的操作人员接触到钱币。

3. 维护面板

维护面板的作用是供车站管理人员对设备进行维护、故障诊断及参数设置等操作。维修人员根据需要，通过输入密码，进入维修面板的维修系统进行维护。其操作界面可设计成菜单式或指令式。维护面板包括以下内容：

① 设备运营状态信息。
② 设备时钟显示和设备。
③ 设备运行版本信息。
④ 部件运行状态信息。
⑤ 硬币清零菜单或指令。

⑥ 更换钱箱菜单或指令。
⑦ 打印账单菜单或指令。
⑧ 设备部件测试菜单或指令。
⑨ 设备关机、复位菜单或指令。

自动售票机具备自诊断功能,可协助维修人员快速发现及确认故障。

① 运营状态信息

当自动售票机门打开后,管理人员登入维修面板,在维修面板上即可通过"故障代码"或"中文提示信息"的方式提示自动售票机的运营状态,包括"设备运营模式"、"设备状态信息",以提示管理人员根据对应状态的信息进行操作。

② 时钟显示和设置

自动售票机的时钟与自动售检票系统中时钟同步。管理人员可通过菜单或指令查询自动售票机的时钟信息,如果时钟不一致,则可通过设置调整。注意:其时钟必须与自动售检票系统时钟相一致,并在与自动售检票系统断去通信后才能做此操作。

③ 运行版本信息

管理人员可通过该菜单或指令,查询自动售票机的运行版本信息,运行版本是直接影响自动售票机运营状态的关键信息,如与正式运营版本不一致,则会造成自动售票机运营不稳定或错误运营的现象发生。

④ 部件运行状态信息

管理人员可通过该菜单或指令,查询部件运行状态信息。

⑤ 硬币清零菜单或指令

作为车站日常管理的措施,管理人员可通过硬币清零菜单或指令进行自动售票机的账务处理,这属于结算的运营钱款操作。此操作也可判断自动售票机硬币模块的运转性能。

⑥ 打印账单菜单或指令

管理人员进行钱款操作后,可通过该菜单或指令操作打印自动售票机相关账单信息。

⑦ 部件测试菜单或指令

通过诊断、测试菜单或指令表,可以看到许多关于部件的测试菜单或指令。当发生故障时,管理人员可通过这些指令或菜单操作来判断部件的运行状态,并进行相应的处理。

⑧ 关机、复位菜单或指令

管理人员可通过这些指令或菜单操作对自动售票机进行逻辑关闭、复位操作,以免硬关机所造成的伤害。

4. 乘客触摸显示器

乘客显示器是自动售票机人机界面操作的主要部件,乘客根据显示器提示界面,通过加装在乘客显示器上的触摸屏选择进行购票操作。乘客显示器安装在自动售票机前面板乘客操作范围内,用于显示有关购票操作信息。乘客显示器显示字体为中文,在需要时可选用英语显示。显示语言类型作为参数设置。

在乘客购票过程中,乘客显示器能显示乘客所选择的目的地车站、票种、单价、张数、付费总金额、已投币金额等信息。乘客显示器能显示所有可发售的票种、张数,还有各种付费方式、交易取消、交易确认等选择按钮供乘客选择。在交易过程中,乘客显示器能指示乘客下一步的操作,并能提示其无效操作。在设备故障、关闭或暂停服务时,乘客显示器能显示相关的信息。乘客显示器还可以替代运营状态显示器,用于显示当前设备的运行模式和操作模式,包括暂停服务模式、无找零模式、关闭模式、只收硬币模式、只收纸币模式、只找硬币模式、只找纸币模式等信息。

三、自动售票机的基本操作

自动售票机的基本功能是通过乘客的自助式操作完成自动售票。自助购票的基本过程包括购票选择、接收购票资金、自动出票及找零等过程,在必要时还可以打印充值凭证等。自动售票机可接受硬币和纸币购买单程票,也具有对一卡通和地铁专用储值票进行充值的功能。同时,自动售票机预留安装银行卡的数据接口和电气接口机的物理空间,方便支付方式的扩展。

1. 自动售票机购票操作

自动售票机是自助型系统设备,城市轨道交通车站内会有部分乘客对该系统的操作不熟练,站务员应主动、热情地提供操作指引服务。因此,站务员应熟练掌握自动售票机的购票操作,指引乘客使用自动售票机购票、充值时,站务员可通过乘客操作界面实现点选操作。常见的自动售票机乘客操作界面如图3-3所示。

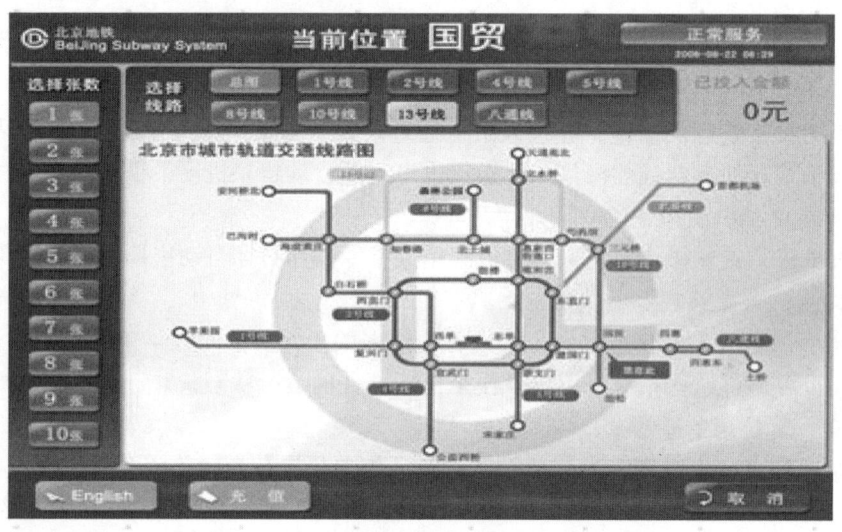

图3-3 自动售票机乘客操作主界面

地图区域能清晰显示线网地图,能实现地图的缩小、扩大及水平移动,当乘客点击某车站时,以该车站为中心的附近几个车站会被放大显示,以便于乘客正确选择目的地站购票。

选择线路区域提供按线路分类的按钮时,当乘客点击选择要乘坐的线路时,该线路在地图区域放大,方便乘客快速、准确地点选目的地站。运营及票卡选择区域可以实现按票价直接购票,为熟悉轨道交通票价的乘客提供了便利。

时间区域能实时显示当前的日期和时间。功能选择区域提供了供乘客选择或确认的按钮,如中、英文切换按钮和充值操作按钮等,实现相应的功能选择。信息提供区域主要用于向乘

3 城市轨道交通自动售检票系统终端设备

客显示相应情况下的信息。状态区域显示了自动售票机 TVM 当前运营状态的信息。

具体来说,乘客在自动售票机上购买单程票的步骤如图 3-4 所示。

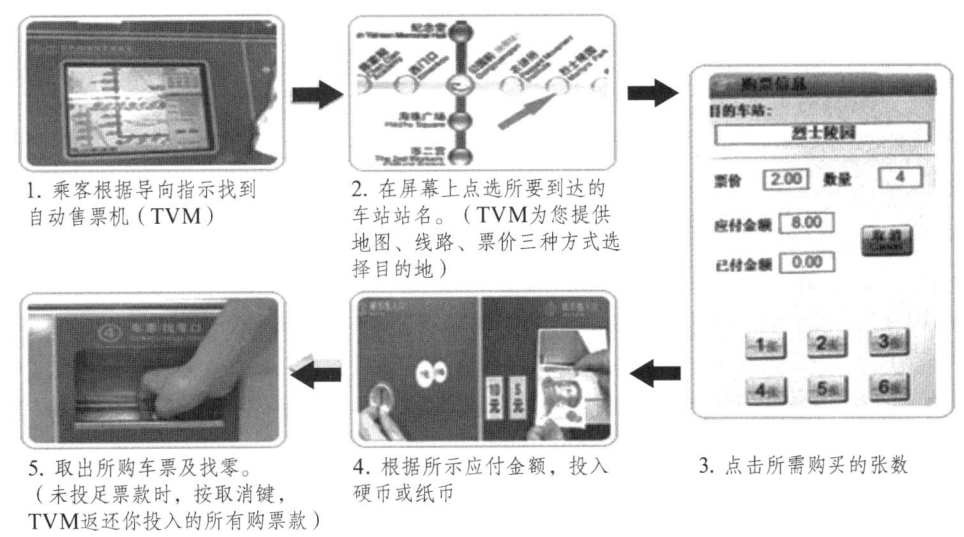

图 3-4 自动售票机购票步骤

2. 自动售票机充值操作

乘客使用现金在自动售票机上进行储值票充值时,自动售票机通常可接收第五版 10 元、20 元、50 元和 100 元人民币币种充值。具体操作流程大致分为:在主界面选择充值按钮、插入储值票、支付储值票充值金额、设备对储值票充值、返还储值票等几个步骤,储值票充值界面如图 3-5 所示。乘客从开始充值后至支付充值金额之前都可以取消交易,点击取消按钮或者一定时间内没有任何操作时,返还投入的储值票并返回初始界面。

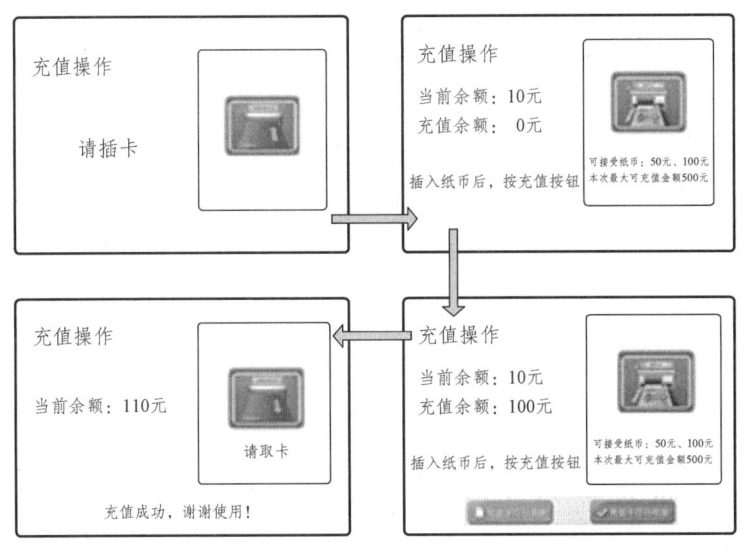

图 3-5 自动售票机充值步骤

四、自动售票机的常见故障处理

（1）开机无显示

原因分析：① 无电源输入；② 部件连接异常。

解决办法：① 接通工控机电源；② 检查显示器连接线路。

（2）提示暂停服务（非上一级系统控制）

原因分析：① 单程票处理单元异常；② 硬币处理单元、纸币处理单元异常；③ 维修门在打开状态或维修门状态检测传感器异常。

解决办法：① 检查维修门并将维修门全部关紧上锁；② 检查维修面板是否已注销。

（3）自动售票机启动后显示"只收纸币"

原因分析：硬币处理模块有卡币或者硬币箱没有正确安装。

解决办法：① 启动设备后机器内部逻辑会对硬币模块进行测试，如果测试失败会进入"只收纸币"状态，这种问题一般是有硬币识别模块被硬币或其他异物堵塞导致，请检查硬币识别模块并重新启动设备。② 正确安装硬币箱或者进行补币操作。

（4）自动售票机屏幕显示"网络连接失败"

原因分析：网络出现故障。

解决办法：① 请检查检票机和服务器之间的网络连接是否正常；② 请检查系统服务器软件是否正常运行。

（5）自动售票机屏幕显示"只收硬币"

原因分析：纸币识别模块有卡币或者纸币纸箱没有正确安装。

解决办法：① 纸币识别模块被纸币或其他异物堵塞导致，检查纸币识别模块并重新启动设备；② 正确安装纸币钱箱。

（6）自动售票机屏幕显示"无找零"

原因分析：硬币识别模块内没有放入找零钱硬币或者硬币找零钱箱没有正确安装。

解决办法：① 放入找零用硬币；② 正确安装硬币找零钱箱。

（7）自动售票机屏幕显示"只充值"

原因分析：单程票发售模式内没有放入车票或者票箱没有正确安装。

解决办法：① 放入发售用车票；② 正确安装票箱。

（8）自动售票机启动后显示"暂停服务"，不能进入工作状态

原因分析：可能是由于维修门没有关上。

解决办法：① 检查维修面板，若故障需联系厂家检查维修面板；② 检查维修门并将维修门全部关紧上锁。

（9）自动售票机屏幕显示"只发售"

原因分析：储值票读卡器有故障或连接错误。

解决办法：① 检查连接线缆；② 联系厂家更换储值票读卡器。

（10）自动售票机启动后乘客显示器没有显示

原因分析：自动售票机内部工控机没有开机或显示器处于关闭状态。

解决办法：① 打开工控机电源；② 检查显示器连接线路。

任务二 自动检票机

【学习目标】

（1）掌握自动检票机的定义；
（2）掌握自动检票机的结构和各部分的功能；
（3）掌握自动检票机的基本操作和简单故障处理。

【任务分析】

自动检票机作为自动售检票系统的主要终端设备之一，是进行自动检票的主要工具，其正常运行与否将直接影响到车站的车票检查工作和票务收益，本任务主要介绍自动检票机的功能、结构和基本操作。

【相关知识】

自动检票机，简称闸机（Automatic Gate，简称 AG），是实现乘客自助进出站检票交易（在非付费区和付费区间通行）的设备。对有效车票，检票机通道阻挡解除（门扇开启或释放转杆），允许乘客进出站。

一、自动检票机的功能

自动检票机的基本功能是对乘客所持的车票进行检验，并完成进站或出站的交易处理。在计时计程的收费规则下，在进入收费区及离开收费区时都需要进行车票检验。进入收费区时检查车票的合法性并记录进入时的地点和时间；离开收费区时检查车票的合法性、进站信息的合法性及收费区内的停留时间，并根据进入位置和离开位置计算本次旅程的费用，完成车票扣款工作。

自动检票机的主要功能如下：

（1）自动对车票进行有效性检验，对有效车票进行相应处理后放行乘客，对无效车票拒绝放行。
（2）对车票处理结果给出明确的提示信息。
（3）对通道的通行状态给出明确的指示。
（4）对特殊车票的使用给出明确的提示。
（5）对需要回收的车票执行回收操作。
（6）对各部件的工作状态进行自动监测，并向车站计算机系统上报工作状态。
（7）接收车站计算机系统下发的参数和控制命令，并执行相应的操作。
（8）存储并上传交易信息。
（9）接收紧急按钮信号并控制设备的操作。

自动检票机功能见表 3-1 所示。

表 3-1　自动检票机功能列表

序号	功能项	功能描述
1	联网下载参数	接收车站计算机系统下发的系统运行参数，包括：费率类参数、操作员表、设备配置参数、公用参数、运行模式、黑名单表以及其他运营参数
2	上传状态信息	将设备状态实时上报车站计算机
3	上传交易信息	上传原始交易数据、上传寄存器数据
4	联网接受控制	接收车站计算机的控制命令
5	软件升级	可以通过车站计算机升级自动检票机软件；自动检票机保存最近 2 个软件版本；新软件失效时，自动切换到上一个版本运行软件
6	离线运行	当网络故障时，自动检票机可以运行于离线模式；将交易数据和状态数据保存在本地，至少保存最近的 100 000 条交易数据及 7 天的设备数据，当网络恢复时，自动上传到车站计算机
7	方向指示器	高亮度显示设备通行方向，提供 30 m 外远距离指引
8	警示灯/蜂鸣器	采用双色灯，优惠票显示及非法通行警示蜂鸣器控制 1 m 处 ≤50 dB
9	乘客显示器	采用 6.4 in TFT LCD，中英文显示车票使用的信息
10	刷卡检测	同时有两张车票在有效读写范围内不操作
11	有效性检查	车票的安全性、合法性、黑名单、进出站次序、更新信息、有效期、余值和乘次、超乘、超时以及使用地点检查
12	车票处理	对有效票写入进出站信息；对无效票提示处理方法：出站时储值类车票扣除车费和乘次，回收类车票插入回收口回收，交易完成生成交易记录
13	信息提示	对车票的处理通过乘客显示器进行显示并有声光提示
14	读写卡器读写距离	0 ~ 100 mm
15	交易处理时间	≤300 ms
16	可读写票卡	ISO 14443 Type A 及 Mifare 系列、ISO 14443 Type B
17	正常通行	通过对射传感器对正常通过的行人、大行李等进行检测并作出正确判断
18	异常通行检测	通过对射传感器对逆行闯入、无票通行、跟随等行为进行检测并作出正确判断
19	通行安全保护	通过安装在闸门位置的安全传感器，防止闸机夹到乘客
20	1.2m 以下儿童通行	通过安装在闸机中部的反射型传感器检测乘客并让其通过
21	车票回收处理	检查、编码、校验、无效退出时间 0.5 s
22	票箱	不锈钢，可容纳 1 000 张车票
23	紧急模式闸机状态	闸门打卡，显示快速通过，闸门掉电应打卡
24	双向检票机同步显示	顶棚、方向指示器同步显示
25	双向检票机通行显示	一侧刷卡通行时，对侧方向顶棚、乘客显示禁行
26	检票机通道宽度	900 mm，可保证残疾人等特殊通行
27	用户权限管理	操作员分等级管理，不同操作员等级具有不同操作权限；每个操作员的操作等级及权限设置包括允许操作的设备类型、允许操作的功能、允许操作的车站等；所有报警将被记录

续表 3-1

序号	功能项	功能描述
28	车票安全	票箱双锁设计：取走票箱和打开票箱需要不同的钥匙；更换票箱不接触车票电子标签；每个票箱的车票数量被记录
29	报警功能	当非法打开维修门时，设备将报警；自检失效，设备将报警；上报车站计算机显示报警信息；本地声光报警
30	抗冲击性	设备外壳足够的强度，耐受一定程度的碰撞和冲击
31	操作安全	进票口平滑，避免对乘客的伤害；内部机械部件无毛刺，避免对操作员的伤害
32	电气安全	具有独立的电气开关和漏电保护开关；高压模块有明显警告标识；有良好的接地措施保证设备金属外壳不带电；具有防雷击、防浪涌等电源保护措施
33	状态自诊断	自动检票机与车站计算机通信状态监测；自动检票机内各模块与主机的通信状态监测；自动检票机内部各模块的传感器检测、动作监测；自动检票机内部各模块的机械到位检测；测试模式下可测试各模块的功能，并可通过测试票检票测试整体协作功能
34	维护面板	具有输入和显示功能；提供菜单操作方式，中文界面；能方便快捷地定位故障，并显示该故障的中文描述
35	外接维护终端	提供外接维护终端接口；使用外接维护终端时，不需要打开维修门；使用外接维护终端时，必须先输入操作员编号和密码，以验证身份；外接维护终端可以是便携式 PC
36	断电保护	在停电时，能接收 SC 的关闭指令完成最后一笔交易，在保证数据完整不丢失后，进行自动关机操作，关机时间不大于 5 min；关机时能自动退出应用程序，并安全退出操作系统，自动关闭内部电源
37	人体工程学	乘客显示器角度、回收车票位置和阻挡门高度的设计

二、自动检票机的结构

自动检票机以主控单元为核心，辅以阻挡装置、车票处理装置、声光提示装置等模块。主控单元一般选用高可靠性、低功耗的通用型嵌入式计算机设备或工业级计算机设备，需要具有丰富的外部接口以支持外部设备的连接，并需要保留部分接口以支持未来设备的扩展。自动检票机的总体布局和结构如图 3-6、图 3-7 所示。

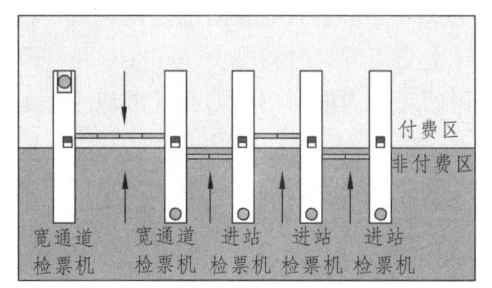

图 3-6 自动检票机总体布局图

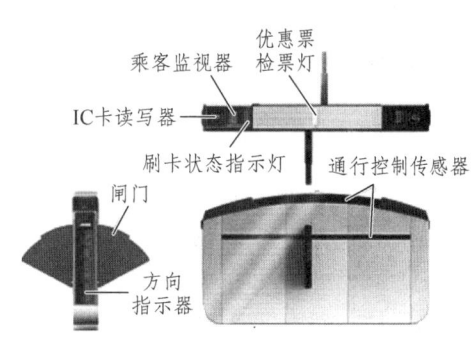

图 3-7 扇门式自动检票机外观结构

1. 自动检票机上部结构

自动检票机上部外观结构如图 3-8 所示。

（1）票卡读写器

票卡读写器的安装位置符合乘客右手持票习惯，在检票机安装读卡器的位置有醒目的标识指示乘客刷卡位置。闸机的读写器可分为两种：储值票读写器和单程票读写器（两种读写器可以互换），两种读写器软件版本相同。

票卡读写器提供高级应用程序编程接口，支持对 ISO 14443 A/B 标准卡片的读写操作。读写器设计有 4 个安全认证模块 SAM 卡座。支持多秘钥应用，提供读卡器与安全认证模块 SAM 之间的接口和数据传输。扩展安全认证模块 SAM 不会造成读卡器性能的降低。

针对不同的设备应用，相应的票卡读写器执行充值和消费操作。读写器有效读写距离为 10 cm，交易速度为 200~1 000 ms。读卡器对票卡的操作满足一卡通对票卡应用流程标准要求、安全认证模块 SAM 的安全保密处理要求和交易数据处理要求。读写器及天线如图 3-9 所示。

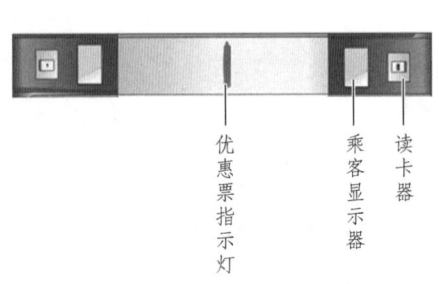

图 3-8　自动检票机上部外观结构

图 3-9　读写器与天线

进站检票机及出站检票机都装有一个储值票读写器及天线。另外，出站检票机传输装置中还装有一个小天线的单程票读写器，用以完成单程票回收时的读写操作；双向检票机具有进站和出站的都有读写器。

读写器天线负责储值票和单程票的数据通信和能量传输，将车票中数据通过读写器上传到工控机（读卡过程），由工控机对车票中数据进行判断，再将判断结果下发给读写器，由读写器通过天线对车票中数据信息进行修改（写卡过程）。

读写器完成一次交易的时间：在规定的数据格式下，单程票与读写器之间完成一次交易所需时间小于 200 ms，储值票与读写器之间完成一次交易所需时间小于 300 ms。

读写器冲突处理机制：同一时刻内，在读写器感应区内同时出现两张（或以上）的单程票时，读写器对单程票均不作处理。

读写器掉电保护：外部电源失电时，不破坏或改变读写器的内存数据。复电时，能恢复到断电前的状态及内存数据。

（2）乘客显示器

乘客显示器为可变显示，能够显示中文、英文、数字及图形，以引导乘客正确使用检票机，如图 3-10 所示。

3　城市轨道交通自动售检票系统终端设备

图 3-10　乘客显示器

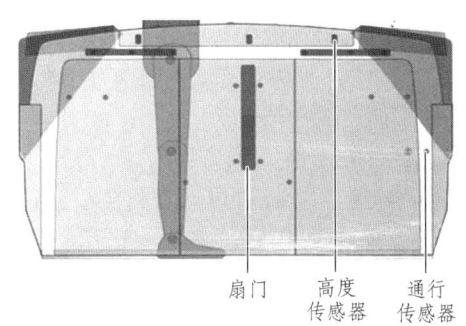

图 3-11　自动检票机侧向外观结构

2. 自动检票机侧向结构

自动检票机侧向外观结构如图 3-11 所示。

（1）通行传感器

通行传感器能够监控乘客通过自动检票机的整个过程以及监测通过自动检票机的人数。自动检票机一般采用两种传感器：透过型传感器和漫反射型传感器。

每对（个）传感器都不是单独使用的，通行控制单元对一组或者所有传感器的检测反馈信息进行分析处理，保证通行控制的准确性和安全性。自动检票机通行传感器分区和主要功能如图 3-12 所示。

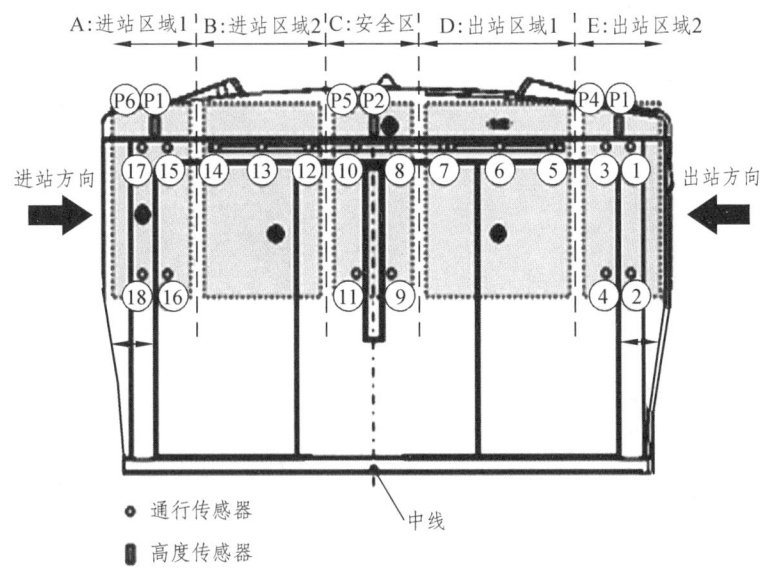

图 3-12　通行传感器分区示意图

A：进站区域 1 组传感器采用透过型传感器，主要监测是否有乘客进入通道。

B：进站区域 2 组传感器采用透过型传感器和反射型传感器组合使用，判断无票乘客的通行行为。

C：安全区传感器采用透过型传感器，安装于不同的高度，监测通行情况，反馈信号控制闸门，保护已进入通道的乘客，防止闸门夹住乘客。

D：出站区域1组传感器采用透过型传感器，检测乘客是否已经通过闸门，如果发现乘客已经通过闸门，后面有跟随通行行为，反馈信号控制闸门关闭，以防止第二个乘客通过。

E：出站区域2组传感器采用透过型传感器和反射型传感器的组合，检测与自动检票机设定方向相反进入通道的乘客，如有逆行通行行为，检票机将关闭闸门并报警。

（2）高度传感器

自动检票机上装有检测身高的反射型传感器，用于检测通过的乘客是否为身高 1.2~1.4 m（高度可调）以下的儿童。从检票机中部呈向斜上方的反射型传感器，可以检测到 1.2~1.4 m 以上位置的物体。当这个反射型传感器未检测到任何物体时，即使其他的传感器检测到物体通过，也不认为是通过的乘客。因此，身高约 1.2~1.4 m 以下的儿童即可以安全的通行。但是在实际通行当中，由于乘客通过时身高变化较大，所以不能非常精确地利用身高作为识别儿童乘客的依据。儿童安全检测示意图如图 3-13 所示。

（3）扇门

扇形门装置是另一种得到广泛应用的检票机阻挡装置。扇形门装置由扇形门、机械控制结构和控制板组成。

扇形门由软性塑胶和内置钢板组成。门的边缘部分采用软性塑胶材料生产，从而能最大限度地减少强行通过时对人体的损害。其内部的钢板可保证扇形门有效地快速关闭和阻止强行推动扇形门。扇形门为三角形，由可吸收能量的软性材料制成，当受到冲击时发生变形并能自动恢复到原来状态。

当扇门需要动作时，控制板驱动电动机，通过减速齿轮提供动力给转换器，在操作杆连接处产生力矩，通过电磁铁传递运动，带动扇门运动。控制板负责对机械的控制功能及传感器信号的管理。扇形门装置示意图如图 3-14 所示。

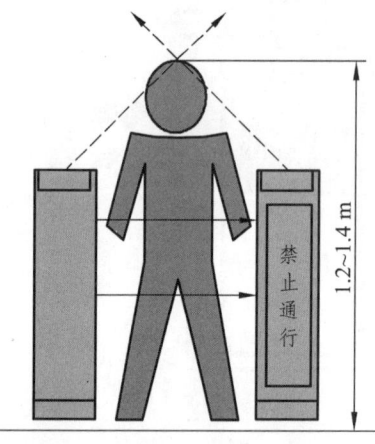

图 3-13 儿童身高检测示意图

图 3-14 扇形门装置示意图

3. 自动售票机立面结构

自动检票机立面结构如图 3-15 所示。

（1）方向指示器

方向指示器位于检票机面向乘客的前面板上，显示通道的通行行为方向标志，远距离指示乘客通道的通行状态。方向指示器的设计确保乘客在 30 m 外的距离可以明辨标志的内容和含义。

方向指示器及乘客显示器关于"通行"与"禁行"的标志统一，采用国际通用的标志，且配有中文说明文字，以图形加文字的形式提示乘客，如图 3-16 所示。

图 3-15　自动检票机立面结构图　　　　图 3-16　方向指示标志

（2）车票处理装置

车票处理装置是自动检票机的另一个关键部件，车票处理装置负责完成车票读写、传送及回收处理。车票处理装置主要包括两大部分：车票读写设备和车票传送装置。

对于 IC 车票，目前使用的基本上都是非接触式 IC 芯片车票，只要车票停留在天线感应的范围内都可以对其进行读写。因此，对于进站交易而言，只需要使用车票读写器就可以完成进站处理而不需要配置传动装置。由于出站时单程使用的 IC 车票都需要回收，因此当使用单程 IC 车票出站时，必须将 IC 车票投入（筹码型）或插入（方卡型）车票处理装置中，车票通过传送装置（通道）到达天线感应区并在此完成车票读写。交易成功的车票继续经传送装置回收到票箱中，非法车票或交易失败的车票将返回给乘客，由乘客到车站服务中心完成票务更新后再次使用。对于不需要回收的 IC 车票，与进站类似，仅使用车票读写器就可以完成出站处理。

带有票箱的车票处理装置通常需要配置两个票箱，并实时监控票箱的状态，在票箱未安装、票箱将满或票箱已满时，需要向主控单元发送相关信息，主控单元将相关信息上传到车站计算机系统。票箱通常还需要具有计数功能，或由主控单元进行计数。车票处理装置应可以根据主控单元的命令将车票回收到指定的票箱中。

三、自动检票机的基本操作

（1）自动检票机上电与下电操作

具体操作步骤如图 3-17 所示。

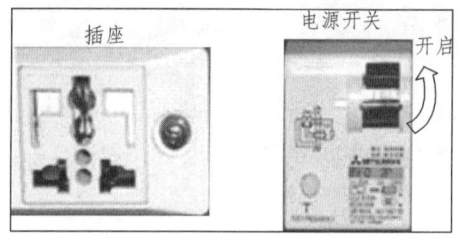

（a）上电

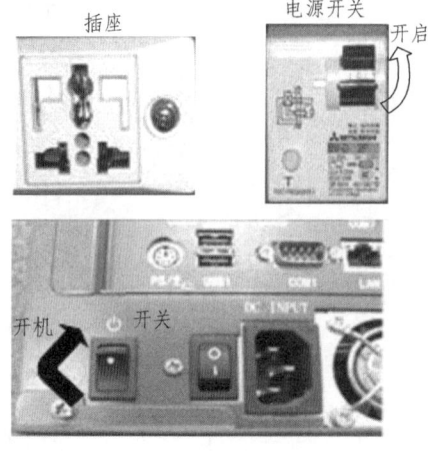

（b）打开开机开关

（c）在维修面板输入ID和密码

图3-17 自动检票机上电与下电操作

（2）自动检票机更换票箱操作

①安装票箱的工作过程如图3-18所示，要按顺序进行，在完成当前动作之前不能进入到下一个动作。

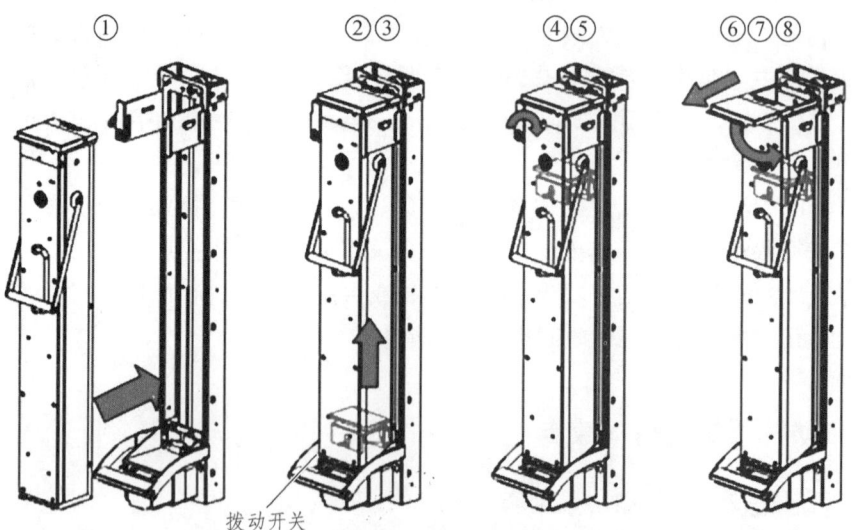

图3-18 自动检票机安装票箱操作过程

② 拆卸票箱的工作过程与安装方法一样要按顺序进行，在完成当前动作之前不能进入到下一个动作，具体如图 3-19 所示。

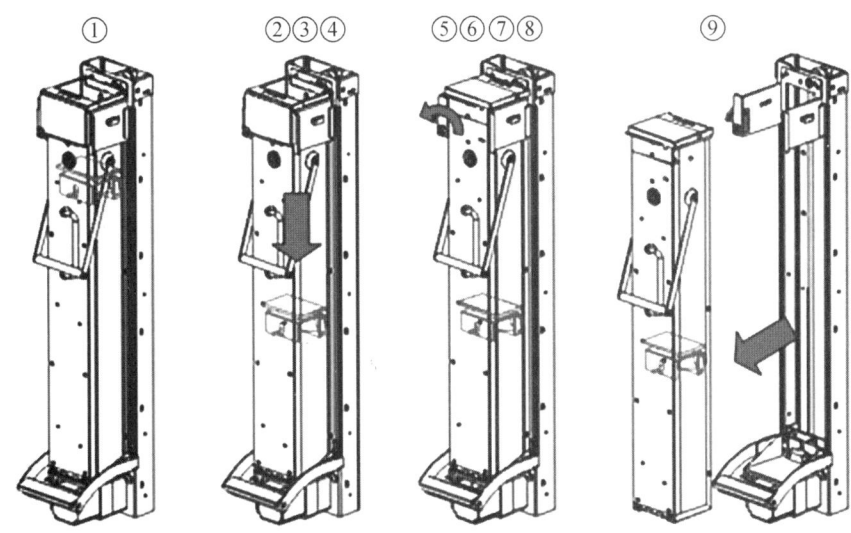

图 3-19　自动检票机拆卸票箱操作过程

四、自动检票机的常见故障处理

（1）单程票读写器通信故障（有故障代码）

当检票机单程票读写器发生故障时，乘客显示屏上显示"请使用公交卡"，提醒乘客单程票无法使用，并会在车站计算机上报警提示维修人员。

解决办法：① 重新启动检票机，观察检票机单程票读写器是否能正常工作。② 检查单程票读写器与单程票读写天线间的连线和射频线连接是否松动。③ 检查单程票读写器与电子控制单元（ECU）中连线是否松动。④ 更换单程票读写器。

（2）设备未初始化（有故障代码）

检票机每次开机启动后，首先进行设备自检，此时会在乘客显示屏右下角显示"04"，表示设备自检。自检通过后乘客显示屏上显示"请使用车票"，设备正常运营。若自检过程中发现有故障则会在自检结束后在乘客显示屏上显示相应故障码。若检票机一直处于自检状态，乘客显示屏上始终显示"04"，则表明设备发生故障。

解决办法：① 检查电子控制单元（ECU）中所有接插件是否松动。② 检查网络通信插头、检票机与车站计算机之间通讯电缆连接是否完好，检票机与车站计算机之间通讯是否正常。③ 用笔记本电脑连接（ECU）将数据清空，重新下载参数。

（3）票盒将满（有故障代码）

出站检票机中在票盒 1 和票盒 2 的顶部各有一对传感器来探测票盒中所回收的车票高度，当车票几乎满和已满时向车站计算机反馈信息，提醒工作人员更换票盒，因此"61"常表示一种状态，但票盒中所回收的车票很少时出现"61"则为一种故障。

解决办法：① 用测试诊断码"21"，对车票回收装置票盒 1 传感器进行检查。传感器如损坏则进行更换。② 检查车票回收装置传感器与驱动接口板之间连线是否松动。③ 更换驱动接口板。

（4）转向器失效

检票机传输机构转向器发生故障时，会发生"86"转向器出错故障。即转向器该吸合时没吸合，不该吸合时却吸合。

解决办法：①用测试诊断码"18"，对传输机构转向器进行诊断，检查其工作是否正常。若转向器损坏则进行更换。②检查检票机传输机构转向器和乘客接口板 J5 间连线是否松动。③更换乘客接口板。

（5）智能卡（一卡通）读写器通讯错误（有故障代码）

当检票机智能卡（一卡通）读写器发生故障时，一卡通读写器天线上红色"×"灯点亮提醒乘客票卡无法使用，乘客显示屏上显示"请插入车票"，并会在车站计算机上报警提醒维修人员。

解决办法：①重新启动检票机，观察检票机票卡读写器是否能正常工作。②检查票卡读写器与票卡读写器天线间的连线和射频线是否松动。③检查票卡读写器与电子控制单元（ECU）中连线是否松动。④更换票卡读写器。

任务三　半自动售票机

【学习目标】

（1）掌握半自动售票机的定义；
（2）掌握半自动售票机的结构和各部分的功能；
（3）掌握半自动售票机的基本操作和简单故障处理。

【任务分析】

半自动售票机作为自动售检票系统的主要终端设备之一，是进行售票、补票和票务处理的主要工具，其是否正常运行将直接影响到车站的票务工作，影响票务收益。本任务主要介绍半自动售票机的功能、结构和基本操作。

【相关知识】

半自动售票机（Booking Office Machine，简称 BOM 机），通常安装在售/补票房或车站服务中心内，采用人工方式完成票务处理、车票发售、加值、车票分析（验票）、退票及其他票务服务，因此，BOM 机又称人工售/补票机或票房售/补票机。

根据应用需求，可按功能分离设置成单独的半自动票务机或半自动补票机，也可设置成半自动售票和补票功能结合的设备。功能单一的半自动售票机应部署于非付费区，而半自动补票机则用于付费区内服务。功能结合的 BOM 机可以同时为非付费区与付费区服务，兼顾售票及补票功能，使用同一车票处理设备，但需满足两个区域乘客票务需要。

一、半自动售票机的结构

BOM 机以主控单元为核心，由车票读写器、乘客显示器、打印机、电源等模块组成，还可以根据需要配置触摸屏、车票处理装置、钱箱等部件。主控单位一般选用高可靠性工业级计算机设备，也可以选用高档的商用计算机，需要具有丰富的外部接口以支持外部设备的连接，并需要保留部分接口以支持未来设备的扩展。

BOM 机可以使用键盘、鼠标等通用输入设备，也可以配置触摸屏。半自动售票机还可以配置支持自动发售车票的车票处理装置以完成车票自动发售功能。自动发售车票的车票处理装置与自动售票机中的车票处理装置类似，在接收到主控单位的命令后，可以自动完成供票、车票读写及出票功能。

（1）主机

主机由主控单元和电源模块组成，其结构如图 3-20 所示。

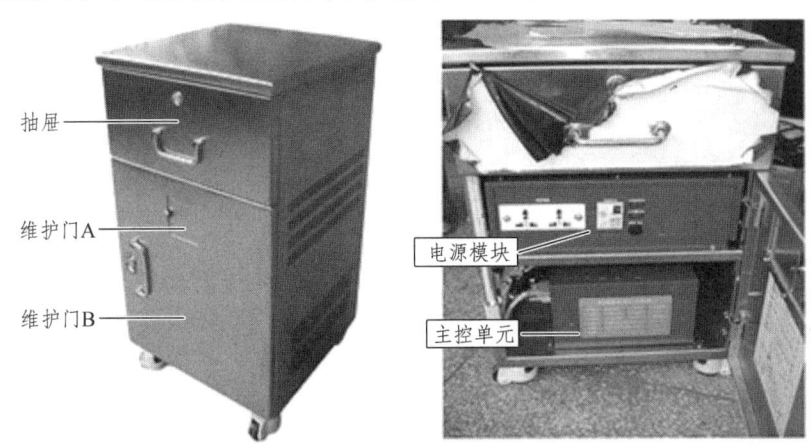

图 3-20　半自动售票机主机结构图

主控单元 MCU 负责运行人工/补票机的控制软件，完成车票处理、数据通信、状态检控及故障检测等功能。主控单位 MCU 采用模块化设计，以满足物理上和功能上的互换性要求，便于维护。

主要技术要求如下：

① 采用低功耗 CPU，主频 1 GHz 以上。

② 512 M DDR RAM 内存，可升级至 1 GB。

③ 配备工业级硬盘或 CF 卡，用于保存数据。

④ 具有多 I/O 接口，以满足各部件、模块连接要求，主要包括 USB 2.0 口、并口/串口、PS/2 接口、因特网口等。

⑤ 带后备电池，具有电源故障数据保护功能，以避免在电源故障时丢失数据。

⑥ 工作温度：0～60℃。

⑦ MTBF>100 000 h。

（2）IC 票卡发售模块

IC 票卡发售模块由对进行读写的票卡读写器和用于发售 IC 车票的车票处理模块组成。

车票发售模块可用来完成单程车票的自动发售工作，以提高人工发售车票速度和效率。在以自动售票机自助式售票为主的车站，车票处理机构可以用来作为应急发售车票装置。车票处理机构内的主要部件：车票发卡装置、读写器、出票控制板等，这与自动售票机中的模块基本类似。处理机构与主控单元通过串口连接，接收主控单元发出的指令，对单程票进行各种处理,如读取车票内存信息,判断车票的有效性,对车票内储值清零、赋值、校检、出票和废票回收等。车票处理机构能一次发售多张同一票值的车票。

(3) 操作员触摸屏显示器

操作员触摸屏显示器为操作员提供人机对话界面显示,带有红外触摸屏,如图 3-21 所示。

图 3-21　操作员触摸屏显示器

图 3-22　乘客显示器

(4) 乘客显示器

每套半自动售票机 BOM 配置 1~2 个乘客显示器,分别安放在付费区、非付费区靠近窗口、方便乘客阅读的地方;为乘客提供相关信息的显示(显示中文或英文信息,可以通过操作员选择来实现),并且带有一定的语音提示,如图 3-22 所示。

(5) 桌面 IC 卡读写器

桌面 IC 卡读写器提供高级应用程序编程接口,支持对 ISO 14443 A/B 标准卡片的读写操作。读写卡设计有 4 个读卡器与安全认证模块 SAM 卡座,支持多密匙应用,提供读卡器与安全认证模块 SAM 之间的接口和数据传输。扩展读卡器与安全认证模块 SAM 不会造成读卡器性能的降低。

针对不同的设备应用,相应的 IC 卡读写器执行充值和消费操作。读写器有效读写距离 10 cm,交易速度为 200~1 000 ms。读卡器对票卡的操作满足一卡通对 IC 卡应用流程标准要求,满足读卡器与安全认证模块 SAM 安全保密处理要求和交易数据处理要求。

(6) 票据打印机

票据打印机用于车票发售、加值单据的打印,也用于打印班次报表或其他有关信息。可以通过设定,选择每完成一次交易,打印机就打印一次,给出运行号、系列号、截止日期等。

半自动售票机 BOM 一般采用小型针式打印机,也采用小型热敏打印机。热敏打印机具有使用寿命长、故障率低的优点,但打印后的单据不能长期保留。目前,半自动售票机 BOM 以使用针式打印机为主。打印机有自检功能,操作人员或技术人员使用前必须启动自检。自检提供有关固件及其他参数的信息,如果自检失败,打印机将不会工作,也不会有任何打印输出。

控制面板(指示灯和按键)接通电源时,指示灯点亮。切断电源时,指示灯熄灭。

二、半自动售票机的基本操作

半自动售票机的工作原理是利用票务系统软件，实现售票、补票、充值、更新、替换、退票、车票挂失、车票分析、车票处理、车票查询、收益管理、设备操作等。下面以某票务系统实训软件为例，介绍单程票的发售及储值票的充值操作。

（1）单程票发售操作

现在登录票务系统软件，演示单程票发售，（登录 ID 为 9，密码无）如图 3-23 所示。

a. 首先点击"系统维护"，出现如图 3-24 所示界面。

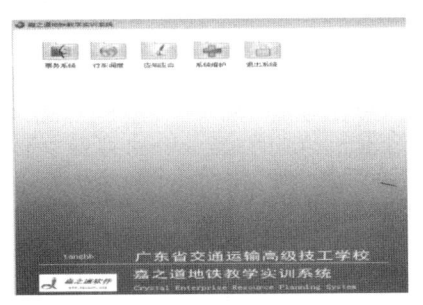

图 3-23 票务系统软件登录首页

图 3-24 "系统维护"操作界面

b. 点击"车票"进入系统车票数据库，如图 3-25 所示。这里需要注意的是 ID、逻辑卡号、车票物理 ID 必须保持一致，否则无法定义有效车票。

图 3-25 车票数据库界面

c. 返回 BOM 操作界面，点击"票务系统"，如图 3-26 所示。

d. 点击"票亭售票 BOM"，如图 3-27 所示。

图 3-26 "票务系统"操作界面

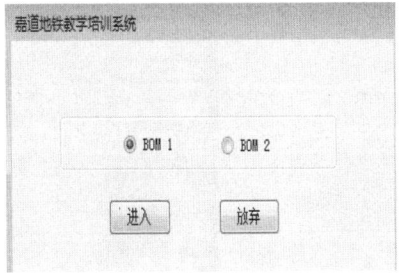

图 3-27 "票亭售票"界面

e. 进入 BOM1 之后，首先进行签到（Id 为 9，无密码）如图 3-28 所示。

f. 点击操作员区域（橙色区域），单击使之切换到非付费区，点击"单程票发售"，如图 3-29 所示。由于软件系统限制，故要在界面左下角位置"读写器"区域手动输入车票逻辑卡号。输入之后如图 3-30 所示。

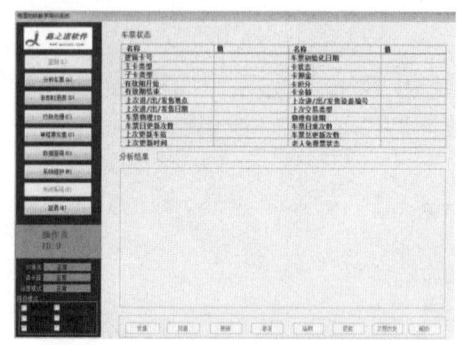

图 3-28　BOM 操作界面

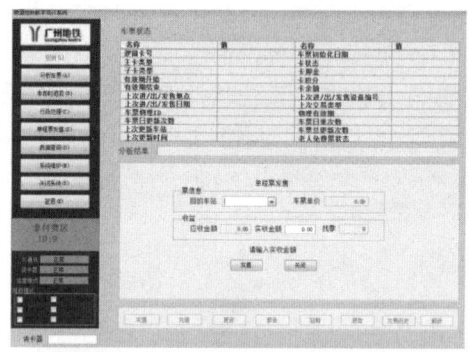

图 3-29　"单程票发售"界面

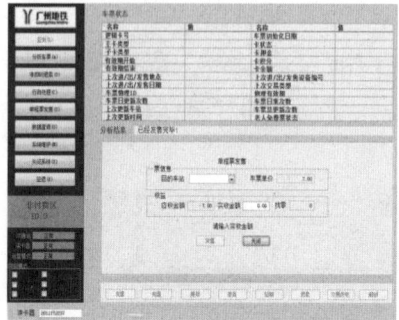

图 3-30　读卡器输入卡号示意图

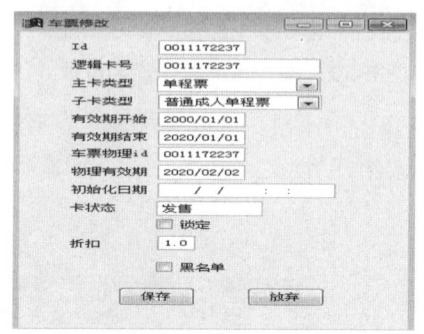

图 3-31　车票属性示意图

g. 返回到系统维护界面，找到上一步输入读卡器的车票，就能得到车票的完整属性。如图 3-31 所示。请注意此时界面显示的卡状态（发售状态）。

h. 再次回到发售界面，还是刚才使用的车票逻辑卡号，点击发售，看看这张车票能否顺利发售。如图 3-32 所示，请思考这张车票为什么不能成功发售。请你自己通过操作票务系统软件，摸索总结什么状态下的票卡可以发售。

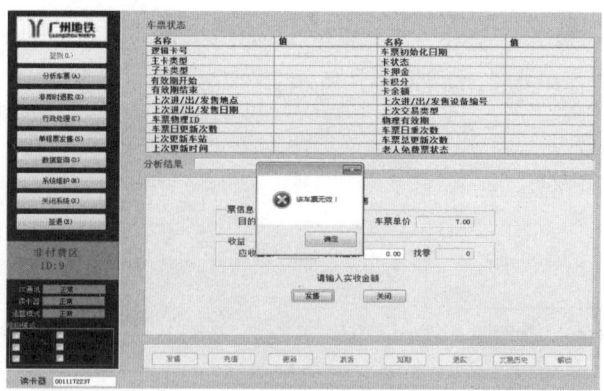

图 3-32　发售结果显示界面

（2）储值票充值操作

用本票务系统软件可以实现储值票的发售，过程与单程票发售类似，不再赘述。现在演示储值票的充值操作。

a. 首先点击"系统维护"。

b. 点击"车票"进入系统车票数据库，找到车票类型为储值票的票卡，如图3-33所示。

id	逻辑卡号	主卡类型	子卡类型	有效期开始	有效期结束	上次地点	上次日期	上次设备	上次类型	车票物理id
0011187964	0011187964	单程票	普通成人单程	2000/10/20	2020/01/01	0303汉溪	2010/07/03 0			0011187964
0011172237	0011172237	单程票	普通成人单程	2000/01/01	2020/01/01		/ / :	Gate 1010	Gate	0011172237
0003410900	0003410900	储值票	成人普通储值	2000/01/01	2020/01/01	0303汉溪	2004/06/17 0			0003410900

图3-33 车票显示界面

c. 记录下这张储值票的id（0003410900），再进入BOM1。

d. 点击"分析车票"，在非付费区的右边单击左键，切换到付费区，可以发现界面切换到橙色"付费区"，同时左下角出现了读条区域，并有"分析"两字，如图3-34所示。

e. 将之前记录的id输入，点击分析按钮。结果显示正常车票，并且界面中出现了该车票的相关信息，如图3-35所示。

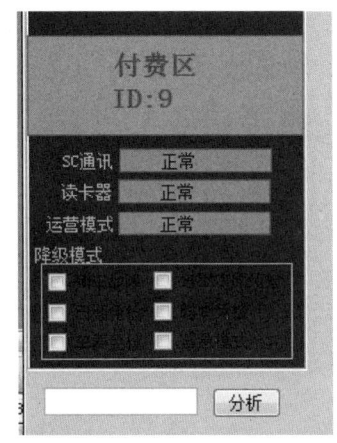

图3-34 付费区下分析界面

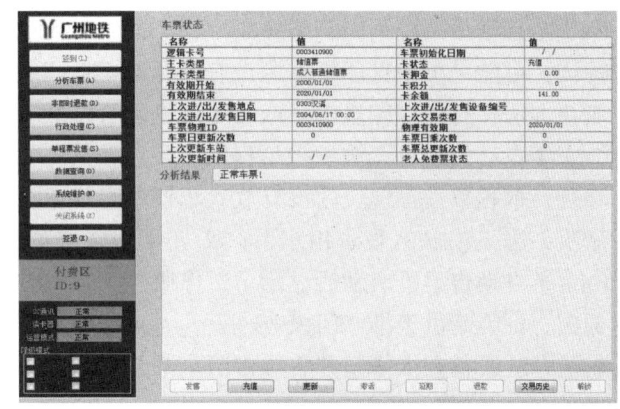

图3-35 储值票属性示意图

f. 点击下方充值按钮，对该车票进行充值操作，如图3-36所示。点击保存后，显示"已充值"，如图3-37所示。

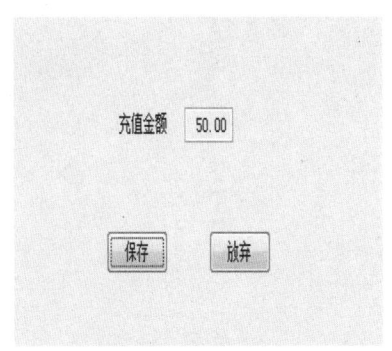

图3-36 充值界面

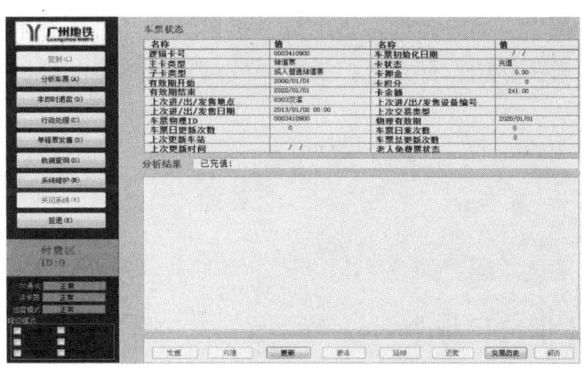

图3-37 充值成功状态示意图

这里有个问题需要注意：前面的操作都是在橙色"付费区"条件下完成的，其实切换的目的是为了将读条显示出来。在绿色"非付费区"也能完成这些操作。实训的时候请同学们自己探索。

三、半自动售票机的常见故障处理

（1）半自动售票机无法正常充值

原因：储值卡读卡器没有正确连接。

解决办法：正确连接储值卡读卡器。

（2）半自动售票机屏幕显示"网络连接失败"

原因：是由于网络出现故障造成的。

解决办法：①请检查半自动售票机和服务器之间的网络连接是否正常；②请检查系统服务器软件是否正常运行。

（3）半自动售票机乘客显示器没有显示

原因：可能是由于乘客显示器电源没有打开或者连接错误。

解决办法：打开乘客显示器电源或者检查线缆连接。

（4）半自动售票机不能打印凭条

原因：可能是由于打印机电源没有打开或者打印纸已经用尽。

解决办法：打开打印机电源或者正确安装打印纸。

（5）半自动售票机无法发售单程票

原因：单程票发售模块内没有放入车票或者票箱没有正确安装。

解决办法：①放入发售用车票；②正确安装票箱。

（6）半自动售票机启动后显示"暂停服务"，不能进入工作状态

原因：可能是由于维修门没有关上。

解决办法：检查维修门并将维修门全部关紧上锁。

（7）半自动售票机打印的凭条没有内容

原因：打印机色带没有安装或者已经用尽。

解决办法：正确安装色带或更换色带。

（8）半自动售票机启动后操作员显示器没有显示

原因：半自动售票机内部工控机没有开机或显示器处于关闭状态。

解决办法：打开工控机电源或打开显示器电源。

任务四　自动查询机

【学习目标】

（1）掌握自动查询机的定义；

3 城市轨道交通自动售检票系统终端设备

（2）掌握自动查询机的结构和各部分的功能；
（3）掌握半自动查询机的基本操作和简单故障处理。

【任务分析】

自动查询机机作为自动售检票系统的终端设备之一，是进行车票自助查询的主要工具，本任务主要介绍自动查询机的功能、结构和基本操作。

【相关知识】

自动查询机简称 TCM 机（Ticket Checking Machine，简称 TCM），安装在非付费区，供乘客自助查看车票的信息及有效性，如图 3-38 所示。读取过程不修改车票上的任何数据。自动查询机的操作方式采用触摸屏。自动查询机应可显示乘客服务信息，由线路自动售票机 AFC 控制系统下载。

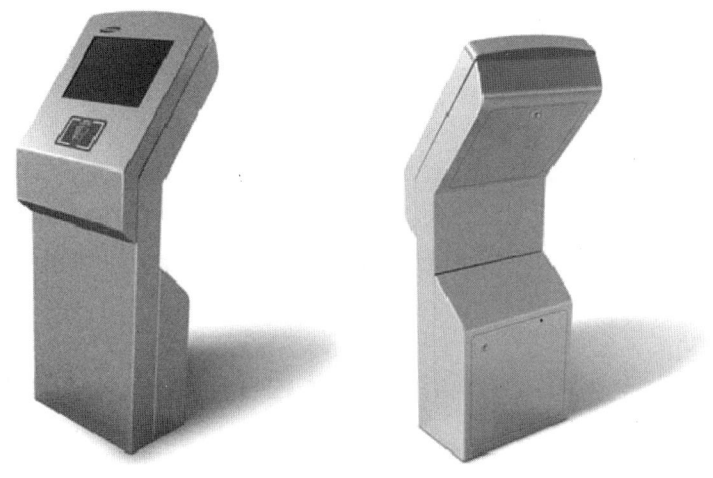

图 3-38　自动查询机

自动查询机由主机、电源、读卡器和触摸显示器等结构组成。

自动查询机具有车票查询和乘客服务信息查询等功能。车票查询是读取票卡信息，不具备写票功能，工作人员将车票在阅读器/天线处出示后 1s 内，能显示车票的查询内容：

① 车票逻辑卡号。
② 车票类型。
③ 余额/使用次数，即显示该车票当前所剩余额及使用次数。
④ 车票有效期，即显示该车票的有效期限。
⑤ 车票无效原因（如安全性检查，出入顺序检查，黑名单检查，超乘，超时等）。
⑥ 交易历史等。

乘客服务信息查询的信息由后台定制下载，可以接受 Flash、图片、文本文件，提供的乘客服务信息力求最方便适用。乘客服务内容分类可定制，当一屏显示不完时，使用垂直滚动条翻页，内容包括：自动售检票 AFC 系统介绍，自动售检票 AFC 系统使用指南和地铁公告等。

【动起来】

【实训一】

以小组为单位,每个小组去地铁车站录制一小段在自动售票机购买单程票的视频。

要点:自动售票机自助购票操作方法。

要求:① 请尽量选择不同线路不同站点;② 能够清晰地反映出使用自动售票机的步骤。

【实训二】

以小组为单位,探索所在城市的地铁自动售票机的充值功能。

要点:乘客充值作业方法。

要求:能回答以下问题:

① 自动售票机是否具备储值卡自助充值功能?

② 若无法自助实现充值功能,在实际中该怎样充值?

③ 按乘客处于付费区或非付费区两种情况讨论。

【实训三】

个人收集整理国内不同城市地铁自动售票机购票操作界面,并作对比分析。

要点:自动售票机的操作。

要求:① 可以通过多种途径获取信息;② 成果以PPT形式展示。

【实训四】

调查所在城市地铁车站使用三杆式闸机、拍打门式闸机、扇门式闸机的站点并附上设备照片。

要点:各类闸机的外部结构。

要求:① 以PPT形式展示,图文并茂;② 分析不同闸机的结构区别和优缺点。

【实训五】

以小组为单位,到地铁车站调查乘客无法进出闸机的情况。

要点:闸机的使用方法。

要求:① 由组长负责事先统筹,通过小组讨论,形成工作计划,然后组长按照计划安排组员活动;

② 观察时长为1小时以上;

③ 对乘客无法正常出入闸机的情况进行统计并做相应原因分析;

④ 尽可能观察乘客无法正常出入闸机时闸机下方出现的代码并及时记录;

⑤ 尽可能地了解各种记录代码的含义;

⑥ 每个小组需形成一份调查报告,待课上分享交流。

【实训六】

利用票务系统软件实现单程票发售、储值票发售及储值票充值三大功能。

要点:半自动售票设备及系统操作。

要求:① 在实训室机房个人完成;② 先对车票进行定义。

【实训七】

以小组为单位,到地铁车站调查票务员操作半自动售票机的情况。

3 城市轨道交通自动售检票系统终端设备

要点:半自动售票机的使用方法。

要求:① 由组长负责事先统筹,通过小组讨论,形成工作计划,然后组长按照计划安排组员活动;

② 观察时长为 1 小时以上;

③ 对乘客到票亭寻求帮助的情况进行统计并做相应原因分析;

④ 尽可能地观察票务员的操作过程并形成记录;

⑤ 每个小组需形成一份调查报告,待课上分享交流。

【复习与思考】

1. 自动售票机的外部结构主要分为哪几部分?
2. 自动检票机一般安装在哪里?
3. 半自动售票机的功能里哪些是面向付费区的?哪些是面向非付费区的?

4　票务事务处理

【主要内容】

常见票务处理
特殊票务处理
票务处理案例

任务一　常见票务处理

【学习目标】

（1）了解常见票务问题；
（2）掌握主要票务规则；
（3）掌握常见票务问题的处理流程。

【任务分析】

乘客在车票的使用过程中会遇到各种类型的问题，如何准确快速地处理这些票务问题，是检验自动售检票系统的运行效率标准之一。本任务主要介绍车站常见的票务问题、主要的票务规则和票务处理程序，并以案例形式进行票务处理实训。

【相关知识】

一、常见票务问题

票务问题是乘客在使用城市轨道交通客运服务中，遇到的有关车票、票卡方面的问题的总和，常见的票务问题包括购票、退票、车票超程、车票超时、进出站次序错误、车票无效等。常见票务问题主要是由于乘客本身原因或特殊需要产生的票务问题，需要票务员直接进行处理或者与客运值班员一起进行处理。

常见票务问题主要分为车票问题、设备问题和乘客需求三大类，票务人员需要根据不同的车票状况和乘客需求，以票务规则为依据进行处理，保证做到乘客满意，同时又能维护城市轨道交通运营企业的形象和利益。

1. 票务规则

票务规则是城市轨道交通企业在客运服务过程中实行的收费标准及票务处理原则，是进行票务处理的主要依据。主要包括票价、票制、车票使用规定等内容。

（1）票价、票制

票价是指出售车票的面额。票价一般分为基本票价和全程票价；基本票价是指乘用交通工具的起始收费金额，全程票价是指乘坐距离为线路全长的总票价。

票制是指票价结构，可分为计程票制、分段票制和单一票制。计程票制就是按乘坐里程来计算票价的方法；分段票制是按站数分段计算票价的方法；单一票制是指不论乘坐距离远近，票价均相同的计算方法。在中国，现在大多数城市采用的是计程票制，如上海、深圳等城市；采用单一票制的城市国内主要是北京。

票制的发展是与城市轨道交通线网的发展相适应的。如广州地铁 1 号线和 2 号线在运行初期都是采用的分段票制：将线路相邻两站之间定为一个区间，每 3 个区间为一个段，基本票价为 2 元，每进入一段加收 1 元。经过发展，由于线路站点间距离分布不均，开始采用计程票制：起步 4 km 以内 2 元；4～12 km 范围内每递增 4 km 加 1 元；12～24 km 范围内每递增 6 km 加 1 元；24 km 以后，每递增 8 km 加 1 元。

（2）票价优惠

一般地铁对车票的优惠政策是由地铁运营公司制定，主要针对普通的储值型 IC 卡以及学生、老人、残疾人等特殊人群设立的，根据不同使用类型人群分成不同的种类，也相应有不同的管理方法和优惠政策。

如广州地铁的优惠票卡就具体包括普通羊城通卡、普通月票卡（统称普通卡）；学生卡、老年人社会保障卡（羊城通功能）、残疾人优惠乘车卡（统称为特种卡）。每种卡的申办和管理都有相应的管理规定。

2. 乘车规则

乘客购买车票后，与城市轨道交通运营企业形成购买乘车服务的协议，车票作为合同凭证，是乘客坐车的唯一凭证。在使用城市轨道交通过程中，为了维持安全、高效、有序的乘车秩序，城市轨道交通运营企业会依据有关规章制度制定相应的乘车规则，要求乘客遵守。乘车规则主要是规范乘客使用城市轨道交通设施、出行服务时的行为，为乘客出行营造安全、良好的环境。

在车站内，会将乘车规则以文字、标志等形式向乘客展示，方便乘客及时纠正自身行为，维护正常秩序。图 4-1 为常见的乘车规则宣传图片。

图 4-1 乘车规则宣传图

【拓展】广州地铁乘坐规则

第一章 总则

第一条 为了加强地铁票务管理,维护地铁乘坐秩序,根据《广州市城市轨道交通管理条例》等规定,制定本守则。

第二条 广州市地下铁道总公司实施管理活动以及乘客乘坐广州地铁,应当遵守《广州市城市轨道交通管理条例》及本守则的规定。

第三条 本守则在地铁车站内公布,乘客持地铁车票进入地铁付费区,即表示已知有关规定并同意遵守。

第四条 本守则所称票务规则,是指乘坐地铁的收费标准和票务处理原则等规定。

本守则所称乘车规则,是指广州地铁设施范围内的乘客及其他人员应当遵守的治安管理、安全保护、环境卫生等规定。

第二章 票务规则

第五条 广州地铁线网票价按里程分段计价:起步 4 km 以内 2 元;4 至 12 km 范围内每递增 4 km 加 1 元;12 至 24 km 范围内每递增 6 km 加 1 元;24 km 以后,每递增 8 km 加 1 元。

第六条 票价优惠按市政府相关规定及广州市地下铁道总公司的有关规定执行,由广州市地下铁道总公司公告。

第七条 乘客凭有效车票进入地铁付费区,实行一人一票制,乘客应使用同一张车票进、出闸,一张车票不可多人同时使用。

第八条 单程票在地铁车站发售,乘客当天在发售站进站乘车有效。

第九条 乘客在同一车站进出闸,单程票在出闸时由闸机回收,普通月票卡扣除一个乘次,持其他车票的乘客支付所使用车票种类的最低单程票价。

第十条 每位乘客可以携带总重量不超过 20 公斤且外部尺寸长、宽、高之和不超过 1.3 米的行李,不需另付车费。携带行李总重量 20 公斤以上 30 公斤以内或外部尺寸长、宽、高之和 1.3 米以上、1.6 米以内的,应加购 2 元的行李票;总重量超过 30 公斤或外部尺寸长、宽、高之和超过 1.6 米的行李的,一律不得携带进站乘车。

第十一条 对无票或持无效车票乘车的乘客,按出闸站的线网最高单程票价收取车费,已在无效车票上扣除的金额不计算在内。属于单程票的,广州市地下铁道总公司予以回收。

有下列情形之一的,视为持无效车票乘车:

(一)使用的车票信息资料非经车票发行人允许进行了涂改、删除或损坏;

(二)使用逾期车票;

(三)使用车票者的身份与车票种类及车票所示信息不符。

第十二条 一名成年乘客可免费带一名身高不超过 1.2 米的儿童;携带的儿童超过 1 名的,按超过人数购票。身高超过 1.2 米的儿童须凭有效车票乘车。

第十三条 乘客每次乘车从进闸到出闸的有效时限根据线网允许的最远乘车里程、列车的速度及乘客候车、换乘所需的合理时间确定,具体由广州市地下铁道总公司在各车站公示明确。

超过有效时限的,乘客须按出闸站线网单程最高票价支付车费,但因广州地铁运营方面的原因导致的除外。

第十四条　乘客所使用的车票，不足以支付所到达车站的实际车费时，须补交超程车费。

第十五条　乘客乘坐一个车程既超时、又超程的，须按出闸站线网单程最高票价支付车费，但因广州地铁运营方面的原因导致的除外。

第十六条　车票已有在地铁车站的进闸记录而乘客未进闸的，可在 20 min 以内在发售站免费办理消除记录手续。自有进闸记录之时起超过 20 min 乘客未进站的，单程票作废由广州市地下铁道总公司予以回收，普通月票卡按 1.9 元支付车费，其他车票按所使用车票种类的最低单程票价支付车费，但因广州地铁运营方面的原因导致的除外。

第十七条　进闸时没有在闸机验卡区正常感应的车票（即没有进闸记录），持单程票的以发售站为出发站支付车费，持普通月票卡的按一个乘次支付车费，持其他车票的乘客应向车站说明出发站名称等情况，由车站按其所持车票种类收取车费。

第十八条　普通月票卡当月乘次用完后或月票信息无效的，按普通羊城通押金卡处理。

第十九条　已购买的单程票没有进闸记录且票内信息能被读取，自购买之时起不超过 30 分钟的，乘客可以在发售站办理退票。单程票在售出 30 min 后一律不办理退票。

第二十条　广州市地下铁道总公司应当接受其发行且准许使用储值车票的退票申请，在收回车票后将押金退还。但有下列情形之一的，不予退还押金：

（一）车票芯片损坏；

（二）车票上有孔、缺边、缺角；

（三）票面被涂写或张贴异物；

（四）票面有裂痕或有明显的折叠、刻划、扭曲痕迹；

（五）票面有无法清除的污渍。

广州市地下铁道总公司按前款规定办理储值车票退票手续，按车票所储存信息或车票票面号码能查询到车票余值的，应将余值退还。车票所储存信息失效并且票面号码不能识别的，视为没有余值。

第三章　乘车规则

第二十一条　不得携带以下物品进入车站或其他地铁设施：

（一）枪械弹药和管制刀具，但国家安全、军务、警务、海关等特种人员持有效证件执行公务的除外；

（二）宠物、家禽等动物，但正在执行公务的专用动物除外；

（三）易燃、易爆、有毒、放射性、腐蚀性等危险品；

（四）气球以及锄头、扁担、铁锯、铁棒等可能危及乘客人身安全或影响地铁设施安全的物品。

第二十二条　在车站（含站台）、列车或其他地铁设施内禁止以下行为：

（一）追逐打闹、滋事斗殴；

（二）攀爬或者翻越围墙、栏杆、闸机、机车等；

（三）擅自进入轨道、隧道或其他有警示标志的区域；

（四）强拉车门或屏蔽门，阻止车门或屏蔽门关闭，强行上下车；

（五）非法拦截列车，阻断运输；

（六）擅自操作有警示标志的按钮、开关装置；非紧急状态下动用紧急或安全装置；

（七）损害、毁坏地铁设施或擅自移动、遮盖地铁设施范围内的安全消防警示标志、疏散导向标志、测量设施以及安全防护设备；

（八）在轨道上放置、丢弃障碍物，向列车、机车、维修工程车等设施投掷物品；

（九）携带自行车及手推车乘车，但符合本守则第十条携带行李规定的除外；

（十）其他危害地铁设施安全或影响运营秩序的行为。

第二十三条　乘客应当自觉维护车站和列车整洁，爱护公共财物，维护公共秩序，不得在车站（含站台）、列车或其他地铁设施内有以下行为：

（一）停放车辆、堆放杂物、摆设摊档或者未经许可派发印刷品；

（二）随地吐痰、便溺、吐口香糖、乱扔果皮、纸屑等废弃物；

（三）乱刻、乱写、乱画、乱张贴、悬挂物品；

（四）乞讨、卖艺、捡拾垃圾；

（五）兜售物品或进行其他营销活动；

（六）在禁止吸烟区吸烟；

（七）躺卧、踩踏座席；

（八）在列车上进食；

（九）其他影响地铁公共场所容貌、环境卫生的行为。

第二十四条　身高 1.2 米以下儿童必须由成年人陪同进站乘车；对于因服用酒精、药物或其他原因而神志不清者，广州地铁工作人员可以酌情决定禁止其进站乘车或要求有其他的成年人陪同。

第二十五条　搭乘地铁设施范围内自动扶梯的，应站稳，握好扶手；同行人应照顾好儿童和老人；不得在扶梯上打闹、奔跑。

第二十六条　乘客应在站台黄色安全线内侧排队候车，在车停稳后依次登车；乘客候车时应照看好所带小孩；禁止在站台边缘与黄色安全线之间行走、坐卧、放置物品或倚靠屏蔽门。

列车到达终点站后，乘客应当下车，不得在车厢内逗留。

第二十七条　禁止在车站、列车内互相推挤，乘客应注意自我保护防止掉下站台或被列车挤伤。

第二十八条　上下车时，乘客应留意列车与站台间的空隙，当列车与屏蔽门出现灯闪铃响时，停止上下车。乘客不得手扶列车车门或挤靠车门。

第二十九条　地铁客流量激增，严重影响运营秩序，可能危及运营安全的，广州市地下铁道总公司可以采取限制客流的临时措施，乘客应服从工作人员的指挥。

第三十条　发生自然灾害、安全事故或者其他突发事件的，乘客应保持镇静，听从广州地铁工作人员的指挥，不得擅自打开车门强行下车。

第三十一条　广州地铁工作人员对乘客携带的物品进行运输安全检查的，乘客应予配合。

第四章　附则

第三十二条　本守则所称车票，是指广州市地下铁道总公司发行的车票、广州羊城通有限公司发行的羊城通 IC 卡（包括普通羊城通押金卡、普通月票卡、学生票、老人优惠票卡、重度残疾人优惠卡）以及准许在广州地铁使用的纪念票等特别车票。特别车票的发行公告在票务方面有特别规定的，适用特别规定。

本守则所称出闸站线网单程最高票价，是指出闸站与地铁线网中可到达出闸站的最远出发站之间的单程票票价。

本守则所称以内，均包含本数。

第三十三条 本守则自2009年11月1日起施行，有效期五年。《广州地铁票务规则》（穗建法〔2006〕757号）、《广州市地铁乘客票务守则》、《广州市地铁乘车守则》、《广州市地铁乘客安全守则》（穗建法〔2000〕174号）同时废止。

二、常见票务处理方法

1. 购票

一般乘客可以通过车站的自动售票机自助购买普通单程票，对于有特殊需要的乘客，如需要购买储值票、一卡通、优惠票、月票或日票等情况，需要前往客服中心（票务处）寻求人工售票服务。票务工作人员根据乘客情况判断是否给予发售车票。

购买储值票、一卡通、月票或日票等车票，由于车票内已经预赋有一定价值，票务工作人员需要收取相应的押金和车票金额，按照人工售票程序发售即可。

（1）人工售票操作流程（唱票五部曲）

① 票务员使用工号和密码登录；

② 遵循"一问、二收、三唱、四操作、五找零"步骤进行售票作业；

"一问"：向乘客说"您好"并且问清乘客需要，如购票类型、张数等；

"二收"：双手接过乘客的现金和车票并口述："收您××元。"

"三唱"：在验钞机上检验纸币真伪并唱所收现金数量，及重复乘客购票要求，请乘客确认；

"四操作"：确保收到现金为真钞后在BOM机上进行相应售票操作，如果是储值卡充值则用手掌指向乘客显示器并说："充值××元，请确认。"

"五找零"：说出售票张数和找零金额，将车票和找零金额一起礼貌的双手交给乘客，并和乘客说："找您××元，请慢走。"

③ 将车票交给乘客前，先对所售车票进行有效性分析，确认有效后方可交给乘客；

④ 发售车票后，应随票一起配发发票或报销凭证；

⑤ 部分地区称为"唱票四部曲"，是把第一和第二步合并。

（2）假钞的识别和处理方法

① 人工鉴别人民币真伪的方法。

票务员需对乘客给出的现金进行真伪性鉴别，为了提高工作效率，一般使用人工鉴别方法。我国现行的通用货币是人民币，面额主要包括纸币100元、50元、20元、10元、5元、1元，硬币1元、5角、1角，主要是第五套人民币，同时与第四套人民币混用，掌握鉴别真伪钞的方法是票务员进行票务工作的一个基本要求。

人工鉴别人民币真伪的方法主要分为四个步骤：

"一看"：看水印，水印要清晰有层次感和立体效果；看银色安全线，上有微型文字；看钞面图案、色彩，钞面图案清晰，图案内有隐形文字或有变色油墨，颜色会发生变化；

"二摸"：摸凹凸手感，真币图案部分有凹凸感；摸手感线，在盲文上方有一排手感线，真币摸上去有凹凸手感。

"三听"：听纸币抖动的声响，真币清脆，假币则不会；

"四测"：可用紫光灯、磁性仪和放大镜等工具进行检测。

图 4-2 为百元人民币的识别特征图。

图 4-3 为紫光灯检测纸币真伪图。

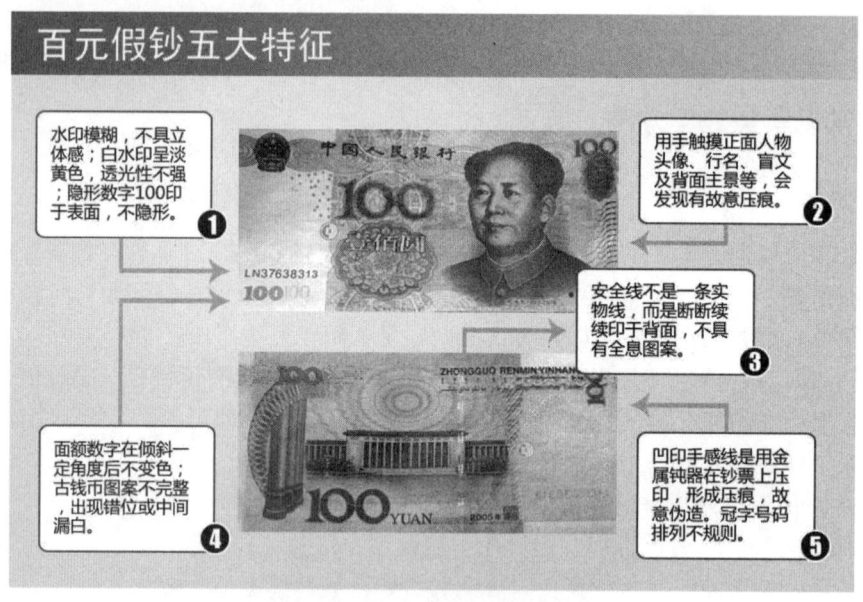

图 4-2　百元人民币假钞特征

图 4-3　紫光灯检验纸币真伪

② 收到疑似假币的处理方法。

当收到疑似假币时，先请乘客换一张；

如果乘客执意不换，应将其币种、编号抄下来，并请乘客签字确认，留下身份证号码、联系电话、地址，然后跟乘客解释，如果经银行鉴定确实是真币，车站将派人上门道歉并找零；如是假钞，需请乘客再次前来付款。

【拓展】第五套人民币 100 元防伪技巧介绍

第五套人民币 100 元基本特征：主色调为红色，票幅长 155 mm、宽 77 mm。正面主景为

4 票务事务处理

毛泽东头像，左侧为椭圆形花卉图案，票面左上方为中华人民共图和国"国徽"图案，右下方为盲文面额标记。图4-4为第五版人民币100元防伪要点图示。

第五套人民币100元防伪特征：

（1）固定人像水印：位于正面左侧空白处，迎光透视，可见与主景人像相同、立体感很强的毛泽东头像水印。

（2）红、蓝彩色纤维：在票面的空白处，可看到纸张中有红色和蓝色纤维。

（3）磁性微文字安全线：钞票纸中的安全线，迎光观察，可见"RMB100"微小文字，仪器检测有磁性。

（4）手工雕刻头像：正面主景毛泽东头像，采用手工雕刻凹版印刷工艺，形象逼真、传神，凹凸感强，易于识别。

（5）隐形面额数字：正面右上方有一椭圆形图案，将钞票置于与眼睛接近平等的位置、面对光源作平面旋转45°或90°角，即可看到面额"100"字样。

（6）胶印缩微文字：正面上方椭圆形图案中，多处印有胶印缩微文字，在放大镜下可看到"RMB"和"RMB100"字样。

（7）光变油墨面额数字：正面左下方"100"字样，与票面垂直角度观察为绿色，倾斜一定角度则变为蓝色。

（8）阴阳互补对印图案：票面下面左下方和背面右下方均有圆形局部图案，迎光观察，正背面图案重合并组合成一个完整的古钱币图案。

（9）雕刻凹版印刷：正面主景毛泽东头像、中国人民银行行名、盲文及背面主景人民大会堂等均采用雕刻凹版印刷，用手指触摸有明显凹、凸感。

（10）横竖双号码：正面采用横竖双号码印刷（均为两位冠字、八位号码）。横号码为黑色，竖号码为蓝色。

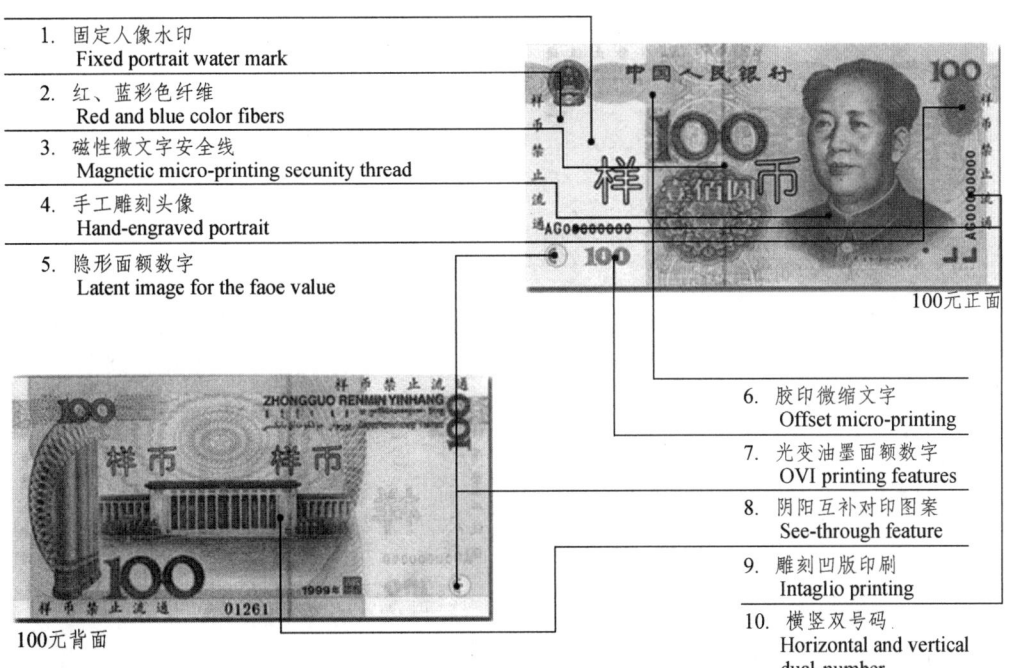

图 4-4 第五套人民币 100 元防伪特征图

(3)优惠单程票发售规定

如果乘客需要购买优惠单程票,根据城市轨道交通运营管理规定,对乘客是否符合购买优惠票卡或享受福利票待遇的条件进行鉴别,再进行车票发售。

我国现行有多类人群乘坐城市轨道交通可享受免费或半价政策,此类人群可凭所持证件享受优惠,票务员需对乘客所持证件真伪进行识别和使用进行登记,根据规定给予优惠乘车。

① 优惠票购票规定。

需要免费或优惠乘车的乘客,可以在售票亭购买优惠票,售票员发售优惠票之前需要确认乘客是否满足免费或优惠乘车的规定要求,根据情况发售优惠票。

常见的优惠乘车情况有:

免费乘车:身高不足 1.2 米的儿童;65 周岁以上的本市老人;重度残疾人员;盲人陪同人员;伤残军人、人民警察;在役士兵等。

优惠乘车:身高 1.2~1.5 米的儿童;60~65 周岁的本市老人;三、四级残疾人员等。

② 福利票换发规定。

对需要换取优惠票的乘客,要求出示能证明身份的有效证件,如《中华人民共和国残疾人证》、《中华人民共和国残疾军人证》、《中华人民共和国解放军士兵证》等证件,经工作人员查验登记后,可以根据规定换发或购买优惠票。图 4-5 为常见的换发优惠票的证件图。

图 4-5 可换发优惠票的证件

(4)优惠储值票发售

优惠储值票实质上与储值票使用规则一致,其发售需要由发卡单位审核申请人资格,符合条件者才可发售或发放优惠储值票,其使用规则与储值票一致,主要区别在于扣费情况根据优惠票类型有所区别,如学生储值票可以享受半价优惠,老人免费卡可免费乘车。如遇到乘客需要办理优惠储值票卡,可指引到发卡部门办理。

(5)团体票发售规定

对于团体乘车,城市轨道交通规定达到一定数量即可享受一定的优惠,例如广州地铁规定达到 30 人以上团体购票可以享受折扣。团体票需人工发售,发售团体票需要得到客运值班员的确认。团体票一般分为四联:一联为车站留底,其余三联中一联为乘客报销使用,一联为乘客持有,进站时按票面人数检票,一联为出站时回收。乘客购票后需集体乘车,从车站边门进出站,使用人数不得超过购票人数,如人数较多时,车站需提前做好组织工作,避免影响其他乘客乘车及保证团体乘车的有序进行。

【拓展】某地铁公司对团体票购票的规定

（1）团体票发售对象：30人及以上团体人员。
（2）办理流程：
①售票员接到团体购票的请求后，通知当班客运值班员到现场。
②售票员在BOM业务程序中完成团体票的填写并由客运值班员确认无误后打印。
③团体小票第一联由售票员结算时交客运值班员（白联），随次日报表上交票务室；第二联交乘客作为乘车出闸凭证（红联）。
④发售站售票员在《售票员结算单》"其他"栏填写团体票收入。
⑤引导团体乘客由边门入站乘车，车站工作人员在边门客流统计表记录进闸人数，并通知目的站。
⑥目的站安排人员引导团体乘客由边门出站，清点出站人数，并回收团体小票，该票随次日报表上交票务室。
⑦发售站客运值班员在营收日报备注栏填写当天团体票收入。团体乘车人数按照现有边门进闸统计方法上报。

（3）其他要求
①团体票不享受优惠政策，按成人票价收取车资。
②如需提供发票时，发售站为其提供小面值定额发票。
③团体票人数超过150人时，发售站应及时通报行调，行调通知相关列车司机。团体乘客上下车时，司机和当值调度员加强监控，必要时适当延长停站时间。

2. 退票

（1）单程票退票
一般情况下，乘客由于自身原因需要退单程票，票务员需对车票进行分析，确认符合规定方可退票。以广州地铁单程票退票规定为例，当天在本站发售的单程票，发售时间在规定时间内（如20分钟）未经使用则可以全额退款，超过时间、非本站发售或已经使用过的单程票，不可退款。

（2）储值票退票
因乘客原因需退储值票时，需对车票进行分析，如能读取到卡内信息，且卡面完整，无人为损坏（包括车票上有孔、缺边、缺角；票面被涂写或张贴异物；票面有裂痕或有明显的折叠、刻划、扭曲痕迹；票面有无法清除的污渍等）情况，可以退押金加卡内余额；如卡面有以上人为损坏情况，将不退押金，只退卡内余额；如车票芯片损坏，无法读取卡内信息，则押金和卡内余额都不能退。

（3）无效票退款
无效票是指BOM机无法更新的车票，其退款根据车票情形可分为即时退款和非即时退款两种。
即时退款是当BOM可查询到车票余额时，可按退票手续退还余额，回收车票。
非即时退款指BOM查询不到余额，应回收无效票卡，填写处理申请表，请乘客在规定工

作日内凭申请表到指定车站办理退款。

3. 车票无效

车票无效是指车票异常，无法进、出闸机，且无法在半自动补票机上进行更新处理的情况。

在非付费区，乘客持无效车票要求乘车时，票务员需通过分析车票判断车票无效的原因，如果是由于乘客自身人为原因造成，回收乘客所持车票，要求其重新购票乘车；如是因为轨道交通设备原因引起，按规定办理乘客事务处理单，免费发售新的单程票。

在付费区，乘客持无效车票要求出闸时，如是乘客原因导致车票无效，则按规定收取乘客现金补款，然后发售出站票让乘客出闸；如是轨道交通设备原因造成，则回收无效车票，再免费发售出站票，供乘客出闸。

4. 车票超程

车票超程是指在计程票价系统内，乘客所持车票余额不够支付所使用乘车里程所需车费的情况，车票无法通过出站闸机。

（1）单程票超程

乘客所持单程票超程时，票务员需收取乘客所缺车费，对车票进行更新，乘客持更新后车票出闸。

（2）储值票超程

乘客所持储值票超程，票务员可根据规定进行充值或者收取乘客所缺车费，进行车票充值或更新后，乘客刷卡出闸。

5. 车票超时

车票超时是指乘客进闸后在付费区逗留时间过长，导致车票使用时间超过系统规定的有效时间（某城市规定为240分钟），车票无法正常出闸的情况。

（1）单程票超时

乘客所持单程票超时，票务员需向乘客收取相应现金（企业自行规定）后，更新车票，乘客持票出闸。

（2）储值票超时

乘客储值票超时时，对车票进行分析，若车票进站日期为当天，则向乘客收取相应现金，更新车票后，乘客刷卡出闸；若车票进站日期非当天，则扣除上次乘车费用（或最少车资），重新输入进站码后更新车票，乘客持票出站。

6. 车票进出站次序错误

按照车票使用规则，车票需满足"一进一出"进出站次序，车票进出站次序错误是指车票所处状态和乘客实际所处区域状态不一致的情况。

（1）非付费区车票进出站次序错误

乘客在非付费区，车票显示已经检票进站，这种情况一般是由于乘客在检票后未能及时通过闸机所致。按照规定，票务员分析车票后，如乘客检票时间与当前时间差在规定时间（如

20 分钟）内，则可以免费更新车票，乘客持更新后车票重新进闸；如检票时间与当前时间差超过规定时间时，则按照各城市城市轨道交通企业票务规定进行处理。

（2）付费区车票进出站次序错误

乘客在付费区，车票却无进闸记录，仍处于非付费区状态，这种情况主要是由于乘客进闸时未能成功检票，或与其他乘客一起进闸或经过其他途径进入付费区所致，此类情况票务员应该根据车票分析结果，判断乘客是否存在有超时或超程以及主观故意情况，再根据企业票务规定进行处理。

7. 自动售票机卡币、卡票或找零不足

（1）自动售票机卡币

自动售票机卡币是指自动售票机在乘客自助购票过程中，由于乘客投入的硬币或纸币存在的破旧、变形等问题而出现卡币，硬币或纸币被卡在自动售票机的硬币或纸币处理模块某个部分内，导致自动售票机服务中断的情况。

当乘客反映自动售票机出现不收纸币或硬币的情况时，票务员通知值班员到现场处理。值班员需先检查自动售票机投币口是否有硬币或纸币堵塞，或者检查乘客显示器上是否有故障代码，以便确认是否存在卡币情况。如有故障代码，则按照企业规定进行处理，办理乘客事务处理单，对被卡币的乘客按照多退少补的原则进行人工售票，并将设备报维修人员修理；如未发现故障代码，则由值班员及另一车站员工一起打开自动售票机维修门，查看设备交易记录，如有与乘客反映情况一致的交易记录，则根据交易记录反映的情况处理，如未发现与乘客反映情况一致的交易记录，则认为不存在卡币情况，跟乘客做好解释工作。

（2）自动售票机卡票

自动售票机卡票是指自动售票机在乘客自助购票过程中，由于设备问题或单程票存在扭曲、变形等问题导致单程票被卡在自动售票机的票卡发售模块某个部分内，导致自动售票机服务中断的情况。

当乘客反映自动售票机出现卡票的情况时，票务员通知值班员到现场处理，值班员需先检查乘客显示器上是否有故障代码，以便确认是否存在卡票情况。如有故障代码，则按照企业规定进行处理，办理乘客事务处理单，对被卡票的乘客重新发售车票或办理退票手续，并将设备报维修人员修理；如未发现故障代码，则由值班员及另一车站员工一起打开自动售票机维修门，查看设备交易记录，如有与乘客反映情况一致的交易记录，则根据交易记录反映的情况处理，如未发现与乘客反映情况一致的交易记录，则认为不存在卡票情况，跟乘客做好解释工作。

（3）自动售票机找零不足

自动售票机找零不足是指自动售票机在乘客自助购票过程中，由于设备问题或找零硬币存在扭曲、变形等问题导致硬币被卡在自动售票机的票卡发售模块某个部分内，导致自动售票机服务中断，乘客收到的找零不足的情况。

当乘客反映自动售票机出现找零不足的情况时，票务员通知值班员到现场处理，值班员需先检查乘客显示器上是否有故障代码，以便确认是否存在找零不足情况。如有故障代码，则按照企业规定进行处理，办理乘客事务处理单，在半自动售票机上补足乘客的找零，处理过程记录在乘客事务处理单上，设备报维修人员修理；如未发现故障代码，则由值班员及另

一车站员工一起打开自动售票机维修门，查看设备交易记录，如有与乘客反映情况一致的交易记录，则按找零不足情况处理，如未发现与乘客反映情况一致的交易记录，则认为不存在找零不足情况，跟乘客做好解释工作。

表 4-1 所列为车站常见票务问题的处理方法，每个企业对于票务问题的处理会存在区别，本表列举的是常见的处理办法和基本准则，实际处理应按照城市轨道交通运营企业的票务规则办理。

表 4-1 常见票务问题处理方法

常见票务问题	票务员处理方法
车票过期	① 若为单程票则回收车票，请乘客重新购票。 ② 若为一卡通则请乘客到一卡通公司网点处理，并请乘客重新购票。 ③ 若为计次票、定期票，请乘客重新购票
车票超时	① 若为单程票，向乘客收取超时补款金额，按要求保留处理单据或填制《乘客事务处理单》，然后更新车票进站时间。 ② 若为一卡通，通过收取超时补款金额后更新车票入站时间，要求保留处理单据或填制《乘客事务处理单》。 ③ 若为计次票，扣除 1 次乘车次数后进行数据更新，要求保留处理单据或填制《乘客事务处理单》。 ④ 若为定期票，免费对车票进行数据更新
车票超程	① 若单程票超程，须补交超程车资后进行数据更新，要求保留处理单据或填制《乘客事务处理单》。 ② 若为计次票超区段，须补交超程车资，要求保留处理单据或填制《乘客事务处理单》。 ③ 若为定期票超区段，须补交超程车资，要求保留处理单据或填制《乘客事务处理单》
车票既超时又超程	① 若为单程票，向乘客收取超时、超程补款金额后，更新车票进站时间及车票余额，要求保留处理单据或填制《乘客事务处理单》。 ② 若为计次票，扣除 1 次乘车次数及补交超区段车资后发售一张付费出站票，要求保留处理单据或填制《乘客事务处理单》。 ③ 若为定期票，补交超区段车资发售一张付费出站票，要求保留处理单据或填制《乘客事务处理单》
车票进站次序错误（非付费区）	① 若为单程票：通过 BOM 分析后，若上次进站是本站，进站时间在规定内的予以免费更新进站信息；进站时间超过规定时间，原票回收，请乘客重新购票。 ② 若为一卡通：如当日进站，须按票种扣除进站点至本站车资后更新车票；非当日进站，则须按票种最低票价支付上次票款。 ③ 若为计次票：须扣除 1 次乘车次数后进行数据更新。 ④ 若为定期票：免费进行数据更新
乘客一人持多张单程票进站	① 通过 BOM 分析后，若车票车资总额与所乘车资相符或高于所乘车资，则回收封装车票，填制《乘客事务处理单》，发售一张免费出站票。 ② 通过 BOM 分析后，若车票车资总额不足所乘车资，则回收封装车票，填制《乘客事务处理单》，发售一张付费出站票

4 票务事务处理

续表4-1

常见票务问题	票务员处理方法
车票出站次序错误（付费区）	①若为单程票：在付费区内无进站信息，则通过BOM分析后，免费更新车票（录入进站标志）。 ②若为一卡通：根据乘客反映的进站车站免费对车票进行数据更新。 ③若为计次票或定期票：根据乘客反映的进站车站进行判断是否在有效区段内。若是，则免费对车票进行数据更新。若否，则补付费出站票，要求保留处理单据或填制《乘客事务处理单》
一卡通在出闸时显示已有出站标记	①通过BOM分析后，若上次出站是本站且出站时间在规定时间内（闸机误用），予以发放免费出站票，需填制《乘客事务处理单》。 ②通过BOM分析后，若上次出站是本站且出站时间超过规定时间的（闸机误用），根据乘客反映的进站车站免费对车票进行数据更新
一卡通在出闸时显示非当日进站标记	通过BOM分析后，显示上次进站为非当日进站标记，扣取最低车资后，询问乘客的本次乘车地点，更新车票进站标志
经BOM分析无法读取信息的无效票	①若为单程票：回收封装此票，填制《乘客事务处理单》 ·在非付费区用备用金支付乘客等值车资，请乘客另购车票。 ·在付费区，发放一张免费出站票给乘客。 ②若为一卡通：在非付费区，请乘客另行购票乘车；在付费区，按规定收取补款，填制《乘客事务处理单》，给乘客发放一张免费出站票。 ③若为计次票或定期票： ·如在非付费区，请乘客另购票乘车，提示乘客该票需到票卡发行公司进行处理。如为本公司发行，则回收封装此票，并填制《无效票回执》。 ·在付费区，按规定收取补款后给乘客发放一张免费出站票
非本日进站单程票及回收状态的单程票	①若在非付费区，则按规定回收并让乘客重新购票进站。 ②若在付费区，需填制《乘客事务处理单》按规定回收并让乘客补购付费出站票
付费区一卡通余额不足	告知乘客一卡通余值不足，如无法办理充值则扣除余额，并让乘客补交不足金额，然后更新一卡通信息，让乘客刷卡出站。 如可以进行充值服务，则询问乘客是否进行充值：若是，为乘客办理充值。若否，根据车票进站信息发售付费出站票，并更新一卡通进站信息
无票出站	①若为遗失车票，补交车票工本费，并按最高单程票价补交票款，同时填制《乘客事务处理单》，并告知乘客若在规定时间内找回车票，可持车票到处理车站要求退回付费出站票票款和工本费，超过时间不予处理。 ②若在付费区内乘客反映单程票在出闸时被他人误用，则填写《乘客事务处理单》并发放免费出站票。 ③若为无票乘车，最高车资补收票款，对于不了解地铁票务政策的乘客也可酌情按本站同程车资补售付费出站票
违规使用优惠票	非付费区：让乘客重新购票。 付费区：按最高单程票价补收票款，优惠票退还乘客

续表 4-1

常见票务问题	票务员处理方法
设备卡币、卡票	① 通知客运值班员到现场处理。 ② 若需退钱时，从备用金款项中支付给乘客，并填制《乘客事务处理单》
黑名单票卡	乘客持有的票卡经 BOM 分析为黑名单票： ① 若乘客在非付费区，告知乘客此票为黑名单票，需重新购票进站。 ② 若乘客在付费区，告知乘客此票为黑名单票，并让乘客补购本站最高单程票价付费出站票

三、常见票务处理实训

1. 常见票务处理案例

【案例一】TVM 卡币

案例过程：某日，在票务员张某当班期间，有乘客反映在购票过程中在 TVM 机上投入纸币后机器没有找零也没有出票，自动进入了"暂停服务"状态。票务员收到信息后到现场查看该台 TVM，发现机器确实处于"暂停服务"状态，但是查看操作界面没有发现故障代码。张某随即与当班客运值班员联系，客运值班员到场后打开 TVM 维护门，没有发现异常，随即通知维护人员到场检查，维护人员从 TVM 机内找出被卡住的纸币一张，经确认为报故障乘客所有，工作人员将钱交给客运值班员，客运值班员查看了交易记录并和乘客确认后将钱归还乘客，维修人员称可能是投入的纸币太旧，导致运送过程出错，发生卡币，建议乘客使用较新的纸币购票。

案例分析：此案例是典型的 TVM 卡币问题。在遇到乘客反映出现 TVM 卡币时，票务员应到现场查看，检查是否有故障代码，并将故障代码及乘客反映的情况一起报告当班客运值班员，由客运值班员打开 TVM 机查看，对于无法排除的问题交由专业维护人员处理。

在故障排除期间，如果乘客愿意等待，故障排除后，客运值班员查看交易记录并和乘客确认后可将卡住的钱交还给乘客；如乘客不愿等待，经客运值班员同意，可从票务员处取出相应金额的现金重新购票，票务员需对此交易填写《乘客事务处理单》并请乘客签名确认，待钱取出后由客运值班员带回点钞室。

【案例二】购买团体票

案例过程：某天，有一学校教师带一批学生共计 71 人进行集体活动，在乘坐地铁时由于人数较多，因此购买了团体票。该教师在票务处说明购票要求，票务员在确认了人数达到购买团体票的要求后，与客运值班员确认，给予该团体票九折票价优惠，并填写了团体票发票，票务室留存一联，其余三联交给购票人。之后由站务人员组织清点人数，让该批教师和学生从边门进入车站，并回收了其中一联发票。

案例分析：根据城市轨道交通运营管理规定，一般成批乘客数量达到 30 人以上者，可申请购买团体票。团体票的发售需要得到客运值班员的确认或由客运值班员来进行办理，乘客凭购票发票乘车，从边门进出站。如人数较多，需要提前做好组织工作，以确保不对正常乘客秩序造成影响。

2. 常见票务处理实训

【实训一】

模拟乘客兑换零钱的操作。

分组进行，组内一部分组员扮演乘客，一部分组员扮演票务员，先设计一个或多个场景，设计好剧本，然后进行表演，组与组之间可以随机组合进行模拟表演。

要点：能够完整地表现为乘客兑换零钱的服务过程。

要求：① 能够使用规范的服务语言和动作手势；② 能够按照要求步骤操作，完成乘客的要求。

【实训二】

模拟乘客需要购买半价票的情况。

分组进行，组内一部分组员扮演乘客，一部分组员扮演票务员，先设计一个或多个场景，设计好剧本，然后进行表演，组与组之间可以随机组合进行模拟表演。

要点：能够正确的处理乘客购买半价票的情境。

要求：① 能够分析乘客是否满足购买半价票需要的条件；② 能够按要求为乘客服务。

【实训三】

模拟收到假钞的处理。

分组进行，组内一部分组员扮演乘客，一部分组员扮演票务员，先设计一个或多个场景，设计好剧本，然后进行表演，组与组之间可以随机组合进行模拟表演。

要点：收到疑似假钞的处理。

要求：① 熟悉疑似假钞处理方法；② 能够让乘客接受处理结果，避免投诉等情况发生。

【实训四】

模拟车票无法进出闸机情况处理。

分组进行，组内一部分组员扮演乘客，一部分组员扮演票务员，先设计一个或多个场景，设计好剧本，然后进行表演，组与组之间可以随机组合进行模拟表演。

要点：车票在付费区及非付费区无法进出闸机的处理。

要求：① 熟悉异常票卡问题的处理；② 能够让乘客接受处理结果，避免投诉等情况发生；③ 在可能的情况下，熟悉半自动售检票系统的操作。

【实训五】

模拟自动售票设备卡币、卡票情况处理。

分组进行，组内一部分组员扮演乘客，一部分组员扮演票务员，先设计一个或多个场景，设计好剧本，然后进行表演，组与组之间可以随机组合进行模拟表演。

要点：自动售票机卡币、卡票情况处理。

要求：① 熟悉自动售票机构造；② 熟练掌握自动售票机的基本故障代码及处理流程；③ 使乘客能接受处理结果，对涉及的车票、现金处理正确。

任务二　特殊票务处理

【学习目标】

（1）了解车站特殊票务问题的种类；
（2）掌握各类特殊票务问题的处理办法。

【任务分析】

车站在日常运行过程中，可能遇到突发的影响票务的情况，本任务主要介绍车站特殊票务问题、特殊票务问题处理和相关实训。

【相关知识】

一、特殊票务问题

1. 特殊票务问题类型

特殊票务问题是指在城市轨道交通车站运营过程中，遇到由于车站设备、城市轨道交通系统设备、设置、客流变化或意外情况等原因引起的特殊情况，对票务工作产生影响，需要采取特殊的票务处理方法的情形。

根据引发原因可以分为设备故障下的票务问题、客流突变下的票务问题、系统故障下的票务问题和紧急情况下的票务问题；根据所采用的运营模式可分为正常运营模式下的票务问题、降级运营模式下的票务问题。

2. 特殊票务问题处理原则

特殊情况下的票务问题，主要起因是城市轨道交通运营企业自身原因或者是第三方原因，因此在处理特殊票务问题上应该以快速、有效的方法保证乘客出行的安全和利益，为乘客出行提供应有的保障。

二、特殊票务处理方法

1. 发售纸票

（1）纸票发售适用情境

城市轨道交通车站一般都使用自动售检票系统，使用 IC 票卡，但在遭遇以下特殊情况时，可以发售纸票：

① 车站无法发售 IC 票卡，一般是由车站所有 TVM、BOM 全部故障或单一车站停电导致，

此时车站由行车调度员授权后进行纸票发售；

② 在客流高峰期，车站发售预制票，但预制单程票数量不足且 TVM 工作能力无法满足客流需要时，车站站长在行车调度员授权后根据实际情况决定发售纸票；

③ 票务系统出现问题，无法满足乘客购票需求等其他情况，经行车调度员授权后进行纸票发售；

④ 特殊票种，IC 票卡无法适用的情况，如半价优惠票卡发售，需发售纸票。

（2）纸票发售及检票

纸票由票务处配发到车站，车站在需要的时候由票务员人工进行纸票发售。其检票也是人工进行，可以在进站口检票，也可以在出站口检票，或者是进出站均需检票。

① 正常情况下纸票检票。

对正常情况下发售的纸票，由票务员在边门处人工进行车票有效性检查，需检查车票的真伪、发售日期、时间、使用区间、金额等信息，进站检票时撕下副券 1，出站时符合要求的车票撕下副券 2，乘客出站；如发现车票存在超程等票务问题时，按照单程票存在票务问题的处理办法处理。

② 特殊情况下纸票检票。

对特殊情况下发售的纸票检票，首先由发售站值班站长向行车调度员通报出售纸票的信息，由行车调度员将发售纸票车站和时间通知其他车站；其他车站接到通知后，安排员工做好纸票检票工作，引导持纸票乘客到边门检票出站；车站停止发售纸票时，值班站长需将情况上报行车调度员，行车调度员通知其他车站。

2. 降级模式下的票务处理

（1）降级运行模式

降级运行模式即针对不同的运营状况、条件做出有别于正常运行模式下的操作行为选择和实施。一般包括进出站次序免检模式、时间免检模式、日期免检模式、超程免检模式、列车故障模式等。

降级运行模式可以通过中央计算机设置，也可以通过车站计算机设备。所有降级模式的设置都需做好相应记录，其中车站计算机的设置优先级更高。

降级运行模式设置成功后，在中央计算机工作站上将明显显示出设置该模式的车站，一般以颜色闪烁凸显，以便监控。处于降级运行模式的车站其车站计算机系统内也会在工作站以明确文字显示所处模式，并显示出处于该模式下的车站设备。

【拓展】票务运营模式

所谓模式就是一种解决问题的方案或方法，票务运营模式就是根据不同的票务情况，采用不同的处理方法，主要涉及设备的状态，对车票的处理等方面的综合。一般城市轨道交通企业票务运营模式主要包括：正常运营模式、降级运营模式和紧急放行模式三种。其优先级别从高到低分别是紧急放行模式、降级运营模式和正常运营模式。

正常运营模式主要包括正常服务模式、暂停服务模式、设备故障模式、维修模式、离线运行模式等。正常运营模式是自动售检票设备的常用模式,在该类模式下,设备对车票进行发售和检验、回收都是正常的。

表 4-2 所列为车站票务运营模式的普遍设置方法。

表 4-2 车站常见票务运营模式

运营模式类型	优先级别	具体运行模式	设置方法	设备表现
正常运营模式	低	正常服务模式	正常启动设备,自动进入正常服务模式;通过车站计算机 SC 设置	自动售检票终端设备显示出相应的运营状态;车站 SC 设备监控器可显示各终端设备所处状态,在显眼位置有文字显示相应状态;中央计算机显示车站运营正常
		暂停服务模式	设备出现钱箱、票箱满、票箱空、设备门被非法打开等情况时,自动进入;通过 SC 设置	
		设备故障模式	设备出现故障时自动进入	
		维修模式	通过设备维护面板设置,通过 SC 设置	
		离线运行模式	网络连接断开时自动进入	
降级运营模式	中	进出站次序免检模式	通过中央计算机或车站计算机 SC 设置	
		时间免检模式		
		日期免检模式		
		超程免检模式		
		列车故障模式		
紧急放行模式	高	紧急放行模式	通过车站 SC 设置或者按压车控室内的紧急按钮设置	

(2)降级运行模式下票务处理

① 进出站次序免检模式。

适用情境:该模式主要适用于当车站进站闸机全部故障且无法立即修复、车站出现大客流时,乘客在该模式下可以不通过进站闸机检票进站。

票务处理方法:设置本模式的车站,所有进站闸机开放,不检验任何车票,乘客可以直接进站;有车站设置此模式的情况下,无进站信息的车票在其他车站或本站出站时,由出站检票机根据系统的设置信息,其进站地点设置车站,按照免检模式进行扣费,如有余额不足额的车票按照超程处理;如有两个及以上车站同时设置此模式,按最低车费扣费;如线网所有车站均设置了本模式,储值票扣除最低车费,乘次票扣除一次乘次,单程票不检查余值回收。

② 时间免检模式。

适用情境:此模式适用于列车延误、系统时间错误等情况,由于企业运营情况导致乘客所持车票超时,可在受影响车站设置本模式。

票务处理方法:出站闸机只不检查车票本次进站时间,其他信息仍需检查,符合条件的车票按正常票价扣费,存在其他票务问题的按正常票务问题处理。

③ 日期免检模式。

适用情境:本模式主要适用于运营企业原因导致乘客所持车票过期的情况。

票务处理方法:设置此模式的车站出站闸机不检查车票上的有效期,但仍需检查其他信息，符合条件的车票按正常票价扣费，存在其他问题的按规定处理。

④ 超程免检模式。

适用情境：本模式主要适用于列车越站、某车站关闭的情况，经行车调度员通知允许设置此模式。

票务处理方法：在此模式下，设置车站出站闸机不检查车票余额，其他信息照常检查，符合条件的车票储值票扣除最低票价、乘次票扣除一次乘次，单程票回收，存在其他问题的按规定处理。

⑤ 列车故障模式。

适用情境：本模式适用于列车出现运营故障，导致部分车站需暂时中止运营服务时，暂停服务的车站设置本模式。

票务处理方法：对本站进站的单程票及储值票等车票写入此模式状态信息，单程票不回收，在本站出站时不扣除车费或乘次写入车站码和此模式的标志信息；如乘客进站后要求取消行程，可回收车票、储值票不扣费，写入模式信息，让乘客凭"免费乘客凭证"从边门出站；如车票存在对其他车站进站的单程票及储值票等车票不扣除车费或乘次，单程票不回收，并写入此模式标志信息；模式结束后，如乘客所持单程票具有该模式信息，并在系统规定时间内，允许在任何车站进站使用，出站时按照实际使用情况检票，正常扣费，如费用不足按正常补票办理。乘客所持储值票等其他车票可正常使用。

3. 紧急放行模式下的票务处理

紧急放行模式主要适用于当城市轨道交通运营遭遇地震、火灾等紧急情况时，乘客需要撤离车站，由车站现场启动紧急按钮，自动售检票系统自动进入紧急放行模式。在该模式下，车站所有售票设备停止售票、充值等业务，进入"暂停服务"状态，闸机处于全开状态，进站闸机通行方向显示"禁止通行"状态，乘客可不检票出站，车票不回收。在特殊情况下，紧急放行模式具有最高优先级。

4. 自动售票设备故障下的票务处理

（1）部分自动售票设备故障

车站部分自动售票设备故障，导致车站售票能力不足，无法满足乘客购票需要时，客运值班员应及时对设备进行保修，同时安排站务人员对乘客做好宣传引导工作。向值班站长报告，值班站长视客流情况，可采用加开半自动售票机的方式进行半自动售票，缓解压力。

（2）全部自动售票设备故障

车站全部自动售票机故障时，客运值班员应及时通知车站值班站长，同时保修设备，做好记录，与站务员一起进行乘客疏导宣传工作。

值班站长应安排半自动售票机售票，如半自动售票机售票能力无法满足乘客需要时，值班站长需请示站长是否出售预制票或纸票，按照出售纸票流程处理。

5. 半自动售票机故障下的票务处理

车站半自动售票机主要用于分析、更新乘客非正常车票，当半自动售票机出现故障，乘客非正常车票无法正常进、出站，需要采取相应措施处理。

(1)部分半自动售票机故障

车站部分半自动售票机出现故障,票务员应及时通知客运值班员,窗口"暂停服务",客运值班员应安排人员引导乘客到其他正常的半自动售票机处办理票务业务,同时对出现故障的半自动售票机进行故障处理,如无法处理则应报修。

如有其他空闲的半自动售票机,票务员可在故障半自动售票机上退出登录后,再登录空闲的半自动售票机进行票务作业,此过程需要客运值班员批准和监督。

(2)全部半自动售票机故障

车站全部半自动售票机出现故障时,票务员应及时通知客运值班员,客运值班员通知值班站长。如对售票能力造成影响,则需采取措施申请出售预制票或纸票,如对售票影响不大,主要影响其他票务处理,则按以下方式处理:

① 乘客在非付费区。

乘客所持车票在非付费区无法进站或需办理进站票务事务,可引导其从边门进站,并告知其将由出站车站进行处理。如需办理其他非进站票务事务,可不使用半自动售票机的可根据情况进行处理。

② 乘客在付费区。

乘客在付费区持单程票时,由票务员回收单程票并引导其从边门出站;持储值票的乘客,可由票务员根据车票情况进行处理后刷卡或从边门出站;无票乘客需补交费用后从边门出站。

6. 全部售票类设备故障下的票务处理

当车站全部售票类设备故障,将无法发售普通单程票和分析、更新车票,除按照上面提到的方法处理票务问题外,还需发售预制单程票。

车站发售预制单程票需要得到行车调度员的许可,并报告其发售时间和站点,由行车调度员告知其他车站做好准备;预制单程票由客运值班员配发给各票务员,并记录在台账报表内;票务员按照票价表人工发售预制单程票,收取现金,做好报表记录;车站通过广播、提示牌和人工宣传方式疏导乘客。

其他车站在收到发售预制票的通知后,应通知票务人员,如有无进站信息且无购票信息的预制票,按从发售预制票车站进站办理票务业务;如非当日使用,回收票卡,按票卡过期处理。

车站设备恢复正常后,值班站长应根据客流情况停止售卖预制票,并上报行车调度员。

7. 自动检票设备故障下的票务处理

(1)部分自动检票设备故障

站务员或客运值班员发现车站自动检票设备发生故障,应及时放置"暂停使用"提示牌,并及时处理故障,对无法处理的故障,应及时保修。加开空闲闸机或设置双向闸机方向以缓解压力。如故障的为进站检票设备,对乘客进站造成影响的,可由值班站长视情况减缓售票速度,如关闭部分自动售票机,以减缓进站压力;如为出站检票设备故障,可引导持单程票乘客通过人工回收单程票出站,如对乘客出站影响较大,可按大客流情况处理,减缓出站检票压力。

（2）全部检票类设备故障

如车站全部进站检票类设备故障，乘客无法进站，车站值班站长应及时将情况上报行车调度员，采用人工检票、边门放行方法允许乘客进站，行车调度员通知其他车站做好出站检票准备。如故障排除，应及时通知行车调度员做好通知。

接到通知的其他车站，应通知票务员做好车票更新处理工作。

如车站全部出站检票设备故障，乘客无法正常出站，值班站长将情况上报行车调度员后，通知票务员对单程票进行人工回收、边门出站；储值票乘客下次乘车再行到票务处扣除、边门出站。设备恢复正常后，应及时上报行车调度员。

三、特殊票务处理实训

1. 特殊票务处理案例

【案例一】车站大客流发售纸票

案例过程：某城市在大型运动会召开期间，在场馆附近车站实行提前预售专用纸票的方式组织客流，以应对出现的大客流情况。在纸票发售期间，乘客可提前购买比赛时段的车票，在规定时段车站不接受其他票卡进站，只接受专用纸票，统一采用人工检票方式进站。出站时回收纸票，如有乘客无票乘坐，则按照规定收取补款。

案例分析：为应对某些车站突发大客流或者出现可预测的特大客流情况，自动售检票设备无法满足服务要求，为了保证乘客的快速有效乘车，在相应车站发售专业纸票。纸票采用人工方式发售和检票，车站需提前准备好大量的纸票备用，并在使用纸票期间做好对乘客的宣传组织工作，与线网内其他车站形成有效的沟通机制，确保纸票的有效使用。

【案例二】车站遭遇紧急情况设置紧急放行模式

案例过程：2013年11月10日，某城市地铁一条线路在运行期间，车厢内突然出现浓烟，乘客惊慌失措。列车进入下一个站点时，站点组织乘客紧急疏散。车站设置了紧急放行模式，所有闸机都处于打开状态，乘客不用刷卡即可通过闸机迅速离开车站，同时车站只许出不许进，在短时间内将乘客疏散，未造成人员损伤。经事后调查，起因是线路区间内空调机组发生故障，产生浓烟，影响了在区间运行的车辆。

案例分析：当车站遇到火灾、地震、爆炸等紧急情况时，为快速疏散旅客，相关车站可在行车调度员的授权下，经值班站长设置紧急放行模式，打开闸机，停止售票，使乘客能不刷卡就通过闸机出站。车站人员需配合广播对乘客进行宣传组织，保证乘客安全。

【案例三】自动售检票系统瘫痪事件

案例过程：某市地铁由于软件到期原因，导致线路上16个车站自动售检票系统瘫痪，无法自动售票，出站闸机无法进行车票读写，导致乘客滞留。车站及时增设临时售票点，给乘客发售预制票和纸票，同时对持票无法出站的乘客回收单程票，组织从侧门出站，持一卡通的乘客不用刷卡从侧门出站，待系统正常后在七日内可在任意站点更新车票。由于组织有序，并未造成大的乘客滞留和损伤问题。

案例分析：车站自动售检票设备出现故障时，车站应及时将情况上报OCC，在其授权下，组织车站采用人工售检票方式为乘客提供服务。车站需提前备用预制票和纸票以便应对可能发生的特殊情况。并对乘客做好组织宣传工作。

2. 特殊票务处理实训

【动起来】

【实训一】

以小组为单位,设计一个关于车站发生售票类设备故障及检票设备故障时的处理方案,并加以演练。

要点:车站售检票设备故障时的票务处理方法。

要求:① 在指定时间完成;② 写出完成每一项任务的涉及人员及操作过程;③ 能够正确进行处理并演练。

【实训二】

以小组为单位,完成降级运营模式的票务处理方案设计并演练。

要点:降级模式的设置条件和方法,相应的票务处理方法。

要求:① 在指定时间完成,设计合适的条件和正确的降级运营模式;② 写出完成每一项任务的涉及人员及操作过程;③ 能够正确进行处理并演练。

【复习与思考】

1. 简述 TVM 出现卡币该如何处理。

2. 简述当列车延误导致乘客所持车票超时该如何处理。

3. 简述列车越站时的票务处理办法。

5 日常票务管理

【主要内容】

日常票务管理
AFC 系统管理

任务一 日常票务管理

【学习目标】

（1）掌握车站现金的构成；
（2）掌握车站现金的管理规定；
（3）掌握车站备用金的使用规定；
（4）掌握车站票款的管理。

【任务分析】

车站日常运营中有大量的现金流转，保证现金的安全是保障运营收益的关键，本任务主要介绍车站日常的现金使用管理规定。

【相关知识】

一、车站现金管理

1. 车站现金构成

车站的现金主要由两大部分构成：一是设备和人工收取的票款；二是用于找零、兑零、退票和乘客事务处理的备用金。

2. 车站现金管理规定

（1）严格执行"收支两条线"的管理规定，严禁坐支票款和挪用、擅自调拨备用金。
（2）严格执行"账实相符"的管理规定，严禁弄虚作假、虚报瞒报。
（3）备用金与票款实行分区管理，发生备用金误解行时须及时上报票务主管部门。
（4）现金交接、盘点时，如发生短款须由责任人及时补齐。

3. 现金安全区域

车站的现金只能存放在 AFC 票务室、客服中心、TVM、AVM 钱箱中。现金安全区域相关规定如下：

（1）现金安全区域内严禁存放私人钱、票。

（2）车站客服中心内所有的现金均须放在 BOM 的收银钱箱及配票箱中（硬币除外）。

（3）车站客服中心内的票款和备用金必须放在乘客接触不到的地方。

（4）任何非当班票务工作人员在未得到车站当班值班站长的许可，不得进入车站 AFC 票务室、客服中心。在非运营时间，车站工作人员不得进入客服中心开启、操作 BOM。

（5）车站任何非当班人员在进入 AFC 票务室时，必须有当班客运值班员或值班站长陪同。

（6）票款及备用金须车站当班工作人员双人清点（需注意本文所说的双人清点的两人均指车站站务系列的工作人员，如值班站长、值班员、售票员及厅巡，而且其中一名必须为客运值班员以上站务系列人员，不包括其他车站工作人员如保安、保洁、维修人员），清点后放入车站 AFC 票务室的保险柜内保管。

（7）银行标准封装及整袋封存的硬币可存放在 AFC 票务室安全区域。

4. 车站收取异币的处理规定

（1）车站相关人员应严格把关，以谁收取谁补还为原则，杜绝异币流入。

（2）乘客交付的现金均需经过人工及验钞设备的识别，售票员发现异币应交还乘客，请乘客另换一张。

（3）对于验钞设备和人工都不能确认真伪的钞票，应交还乘客，请乘客另换一张。

（4）车站收受异币处理程序：

若在售票员与客运值班员交接时，发现收取的钞票有明显的失真特征或可通过验钞机识别为异币，由收款人负责补足票款。

若为银行点收票款时发现异币，由相关票款的封装人员负责补足票款。

若为自动售检票设备误收，由当事人或值班站长与现代技术人员进行测试并填写票务事件说明，封装假钞同时报票务部处理。

5. 车站现金交接原则

（1）纸币：纸币必须由车站当班工作人员双人当面清点后签认交接，交接时若发现数目有误，应及时上报站务室、票务室，并调查处理此事。若差额原因无法查明，则所短款项由交班人当场补足，长款随当日票款上交。

（2）硬币：必须由车站当班工作人员双人当面清点后签认交接，对已加封的硬币交接时，接班人确认加封正确完好后可凭加封数目交接。加封前必须双人清点，确认无误后共同盖章加封。开封前必须双人确认封条正确完好后开封共同清点。清点后若发现金额不符，应即报值班站长到 AFC 票务室签名确认，差额由加封人负责；如未执行双人开封清点规定时，差错由开封人负责；与银行兑换的硬币，应双人清点后加封；严禁信用交接未经清点或未加封的钱款。

（3）交接班时，现金应在交接班值班站长共同监督下，交接班客值之间才能进行清点核对，交接双方值站及客值清点完毕后需在交接台账中签名确认。如双方在签名确认后发现账实不符,均由接班人员负责。

(4)在处理现金的过程中应将票务室房门上锁,并且在摄像头监控下进行,无关人员不允许在场影响交接班。

(5)当现金处理完毕时,应立即锁入保险柜中。

(6)隔夜票款必须由客运值班员及值班站长当面清点交接,清点无误后立即锁入保险柜,并在相应的台账上注明。

6. 现金交接规定

(1)客运值班员之间的现金交接

接班客运值班员与值班站长应依据车站票务交接班登记本上的记录,核对备用金、TVM补币补票记录及售票员结算单等车站的所有报表凭证,当面清点保险柜中的现金,并进行签收。

(2)客运值班员与售票员之间的交接

① 结账时的票款交接:客运值班员与售票员当面清点所收款项后,根据当天的乘客事务处理单等售票窗口报表,清分备用金余额及票款,以核准后的备用金余额及实际票款金额填写《售票员结算单》,共同盖章确认,同时客值在票务管理终端上输入相关数据,打印 SC 清单,售票员签名确认。

② 预收款的交接:客运值班员向售票员收取预收款时,应当面清点所预收的款项,并在《售票员结算单》的"预收款金额"栏注明后签名确认,并在票务管理终端上输入预收款数据。

③ 找零备用金的交接:客运值班员给售票员配发找零硬币时,售票员应当面清点无误后在相应的售票员报表处备注确认,并在票务管理终端上输入相关数据。若出现退款的情况,需核对《乘客事务处理单》并在《售票员结算单》上填制相关内容(即退款总金额与备用金余额等),同时填写《备用金借出记录表》。

7. 现金封启

(1)解行现金封装

需要解行的现金需用专用的尾款箱进行封装,图 5-1 为常用的尾款箱图片。车站与银行约定好解行方式后,客运值班员在每天的规定时间前,需和值班站长一起,将车站票款进行清点,然后加封,装入尾款箱,填写《银行缴款单》,双人确认后,将现金和缴款单一起放入尾款箱,并将尾款箱加锁和加封条。如有兑换硬币需要,也要将与兑换硬币数量相等的纸币清点、加封,填写《兑换硬币交接单》,与票款分开打包加封,一起放入尾款箱内。

图 5-1 常见尾款箱

解行时,银行工作人员通过检查尾款箱加封情况进行交接,如尾款箱加封完好,则直接进行交接。

（2）硬币封启

① 硬币加封前必须双人（其中一名为客运值班员）在监控摄像有效范围内清点，然后使用专用钱袋打包，扎紧袋口后，用捆钞纸条缠绕加封，封条上写明加封站点、时间、数量等信息，确认无误后盖章加封。

② 车站接收的硬币开封前必须双人（其中一名为客运值班员）在监控摄像有效范围内，确认封条正确完好后方可开封清点。若发现金额不符，应立即上报站长或值班站长签名确认（在《车站票务交接班登记本》备注栏说明），差额由加封人负责；若未执行双人开封清点规定，差额由开封人负责。

③ 与银行兑换的硬币，应双人（其中一人为当班客运值班员）在监控摄像有效范围内清点后重新加封。

二、车站备用金使用管理规定

1. 车站备用金的用途

（1）用于车站的售票系统找零及乘客兑零备用；
（2）用于单程票及特殊情况下的退票款；
（3）用于乘客事务处理。

2. 车站备用金的管理

车站备用金的任何使用都需经当班客值及以上人员批准，并及时登记备案。

车站必须每天将《备用金借出记录表》交票务部，并报公司财务部门备案。

车站备用金若出现账实差额情况，金额小于 100 元由当事人负责补齐；金额大于或等于 100 元不做补齐，均报票务部，待后续查明原因后再做相应处理。

3. 车站备用金的配备

各车站根据客流情况确定备用金需求量，经票务部、财务部审核后，报领导审批后配备。车站备用金配备操作流程如下：

（1）各车站根据客流情况确定备用金需求量报上级车务部门，车务部门收集需求后向公司票务部门申报备用金需求方案。

（2）经公司票务部门审核完成，报领导审批后，根据车站申请的备用金金额给各车站配备备用金。

（3）若遇节假日和可预见性大客流，车站备用金需要增加的情况，车站应提前一周向票务部门提出，经票务部门协商同意后，向车站增加备用金的配备。

（4）大客流过后，票务部门应对车站备用金进行调整，恢复正常情况下车站备用金配备量，车站上交的备用金随同当天票款收入解行，待银行的回单交至票务部确认后，由票务部门上交公司财务部。

4. 备用金的借用

（1）备用金借用的操作程序由公司派驻财务部制定。

（2）注意事项：备用金的借用仅限于规定情况下的退票处理及乘客事务处理，发生金额必须填写《乘客事务处理单》，并由乘客、经手售票员、审核客运值班员或值班站长签认。

由当班客运值班员审核合格后填写《备用金借出记录表》，且借款人（售票员）需签认。

当班客运值班员应在《车站票务交接班登记本》上做相应记录。《备用金借出记录表》随当天报表上交票务室。

《备用金借出记录表》和《乘客事务处理单》为重要财务凭证，是核销备用金的唯一凭证，需妥善填写、保管，以备核查。

三、车站票款管理

1. 钱箱管理

（1）钱箱更换

① 由客运值班员负责安排更换 TVM、AVM 钱箱。若在运营时间更换钱箱时，须设置"暂停服务"牌，更换时须在《TVM（AVM）钱箱更换/清点记录表》上填入相关数据。更换完毕后，须确认 TVM、AVM 已恢复正常服务状态后，撤除"暂停服务"牌。

② 更换钱箱的时间：设备监控台 TVM、AVM 设备状态标记发生改变后，经查询标记为"钱箱将满"或"钱箱已满"的信息时；各站结合本站具体情况制定更换钱箱的固定时间；本站停止售票后。

③ 更换钱箱的注意事项：

更换钱箱必须按规定的程序操作。

每日运营结束后，必须更换所有投入服务的 TVM、AVM 的钱箱数据清零并将设备设为暂停状态（不需断电）。

更换钱箱打开 TVM、AVM 维修门（凭门禁卡和钥匙开设备门）时必须输入指定密码和操作号登陆。

更换钱箱时需双人共同进行操作并同时在《TVM（AVM）钱箱更换/清点记录表》记录设备相关钱、票读数。

每次更换完钱箱后须根据《TVM（AVM）钱箱更换/清点记录表》在票务管理终端上输入相关数据。

（2）钱箱清点

客运值班员到值班站长处领取钱箱钥匙，并做好记录。

在 AFC 票务室内，必须双人清点，同时须填写《TVM（AVM）钱箱更换/清点记录表》的相应部分，客运值班员在票务管理终端上输入钱箱实际清点数据。

清点钱箱时严禁混点，必须按每台设备换下的钱箱分别清点并记录差异。

在清点中若发现异币（假币、残币、机币等），用票务专用信封加封后上交票务室，当班客运值班员填写《票务事件说明》，注明相应的设备号、钱箱号及清点人，相关金额暂不计入本日《车站营收日报》的票款收入，待票务室核查后处理。

2. TVM 设备补币、补票

（1）TVM 设备发出"找币钱箱缺币"及"票箱缺票"信息时（报警信息发出时可在票务管理终端调整及监测），或各站根据实际运营情况制定的加补时间。

（2）将补币钱箱及补票箱装上钱箱装载车，通知车站厅巡共同前往加补钱、票。

（3）操作过程中需设置"暂停服务"指示牌。

（4）根据补加数据填写《TVM 补币记录表》《车站 TVM 加票记录表》，并在 TVM 设备及票务管理终端上输入相关数据，严禁虚设。

3. 票款解行

（1）解行时间：各站根据与金融押运公司制定的解行时间解行。

（2）解行负责人：车站当班客运值班员。

（3）解行地点：AFC 票务室。

（4）解行操作程序

客运值班员与值班站长或厅巡双人清点并将票款按银行要求打包，同时填制《现金缴款单》放入银行提供的专用箱内并加封后存放 AFC 票务室。

核对完押运公司职员的身份后，将专用箱交押运公司职员。

客运值班员填写《押运交接单》《地铁公司封箱尾箱清单》与押运公司职员办理交接。

客运值班员将《现金缴款单》的交款金额填入《车站营收日报》 "本日解行金额"栏。

《现金缴款单》为重要财务凭证，车站在收到回单时必须随报表上交票务室。

任务二 AFC 系统管理

【学习目标】

（1）了解车站 AFC 系统管理的要求；

（2）掌握车站 AFC 系统设备的管理要求；

【任务分析】

车站票务工作主要通过 AFC 系统实现，在使用 AFC 系统过程中必须遵守规章，避免出现运营故障，本任务主要介绍 AFC 系统管理的原则和基本设备管理要求。

【相关知识】

一、AFC 系统管理要求

1. 基本原则

① AFC 系统的使用、维修及管理各方应紧密协作，确保 AFC 系统的安全运作。

② AFC 系统的管理部门负责 AFC 系统的总体安全运作。
③ AFC 系统的使用部门负责系统设备的现场保管、故障报修及维修监护工作。
④ AFC 系统的维修部门负责及时处理各类故障。
⑤ 对大面积故障，所有人员应按照应急预案执行。

2. 管理规定

设备管理人员负责制定预防性维修计划；负责对工单进行管理；须定期到车站进行巡查，掌握设备系统的运行状况；负责对系统、设备的密码进行管理，按照规定对操作员进行授权；负责根据运营的实际需求下发参数；负责监控 AFC 系统的安全；须定期对 AFC 系统进行巡查，保证 AFC 系统的正常运行。

在系统运行过程中，操作人员如要离开工作现场，必须在离开前退出或锁定系统，以防止其他人越权操作。

AFC 相关计算机在送外维修前，应在系统管理人员指导下进行数据处理。

3. 维修要求

维修人员要按照故障处理流程修复故障，并遵守工单管理要求；要按照轮值监控员下达的计划及时维修；要对责任范围内的设备进行巡检，主动发现设备存在的问题；要爱护设备，不得随意改变设备配置；在维修车站系统或中心系统的过程中需要有设备管理人员在场监护。

4. 使用规定

AFC 系统车站操作人员负责保证设备的完整性，防止他人恶意破坏设备；负责须按照相关规定操作设备；负责须保护好自己的账号密码；负责每天须定期对设备进行巡检，发现故障应及时报修。

维修人员修理故障时，AFC 系统车站操作人员须现场监护，并有责任确保现金和票卡的安全。

二、AFC 设备管理

1. 车站 AFC 设备钥匙和门禁卡管理

（1）车站 AFC 设备钥匙、门禁卡由车站当班的相关岗位人员负责保管，每班进行交接。

（2）正常情况下，TVM、AVM 设备内的纸币钱箱、硬币回收箱钥匙只能由值班站长保管，不得带到现场使用；非正常情况下使用，须双人陪同使用并进行登记。

（3）日常车站票务操作，凡涉及现金操作须双人陪同使用。

（4）运营时间内 AFC 设备维修、日常保养等借用时须进行登记，凡涉及现金（票款、备用金）的工作，须由车站工作人员进行陪同。

（5）车站严格对 AFC 设备钥匙和门禁卡进行保管，如发现有损坏、丢失、数量不齐等，及时报站务部门票务管理员，由站务部门票务管理员负责与票务部 AFC 设备维护室联系后续事宜的处理。

2. BOM 读写器和 SAM 卡使用管理

（1）BOM 读写器和 SAM 卡的管理部门为票务部 AFC 设备维护室。

（2）车站根据 BOM 数量配备读写器和 SAM 卡，每台 BOM 与读写器和 SAM 卡一一对应，须配合使用。

（3）严禁车站人员和现代公司维修人员擅自将 BOM 读写器和 SAM 卡带出车站。

（4）严禁外借车站其他人员或外单位人员使用。

【动起来】

【实训一】

以小组为单位，设定角色，分别演练不同的票款解行流程。

要点：票款解行流程。

要求：① 在指定时间完成；② 写出在完成每一项任务的涉及人员及操作过程；③ 能够正确进行解行并演练。

【实训二】

以小组为单位，完成 AFC 系统故障的票务处理方案设计并演练。

要点：不同的 AFC 系统故障相应的票务处理方法。

要求：① 在指定时间完成，设计合适的处理方法；② 写出完成每一项任务的涉及人员及操作过程；③ 能够正确进行处理并演练。

【复习与思考】

1. 简述车站现金的种类和作用。
2. 简述车站现金管理的原则。

6 票务台账

【主要内容】

票务台账填写要求
车站常见票务台账及报表

任务一 票务台账填写

【学习目标】

(1) 掌握票务台账的填写方法；
(2) 掌握常见票务报表及台账的使用及填写方法。

【任务分析】

票务台账，也称票务报表，是轨道运营公司重要的财务台账，记录了所有车站的票务情况。通常说来，车站的票务台账有《售票员结算单》、《车站营收日报》等十几种台账，而且车站的票务台账每天都需上交公司收益部门核对。一般情况下，一条营运线路有 20~30 个车站，如一个城市有多条线路在运营，每天将产生大量的票务台账，这就对票务台账的填写规范及严谨提出了很高的要求。本任务介绍了票务台账填写的基本原则及填写时需注意的地方。

【相关知识】

一、票务台账填写

票务台账管理的目的在于保障票务收益安全、杜绝管理漏洞、合理组织核算并提供基础的运营分析数据。车站票务管理业务是以车站为直接操作单位，票务部负责监督、指导、审核票务规章及各项票务政策的具体实施以及相关工作。

1. 报表管理

报表填写原则：报表填写必须真实、准确、完整、及时。
(1) 真实：报表必须由相关人员填写且如实反映票务情况，不得捏造事实，弄虚作假。
(2) 准确：报表填写前认真核对实际情况，以正确无误的数据填列，并要仔细复核。

（3）完整：必须按报表所列事项填写，不得遗漏。

（4）及时：报表必须在规定期限内填制完毕，并按规定时间上交，不得故意延迟时间。

2. 报表填写规定

（1）属于过底的报表，一定要写透，不要上面清楚，下面模糊。报表的各项指标必须按要求填写，不应随便空格不报，若因客观原因不产生数字的空格用"—"符号表示。

（2）文字必须用蓝色或黑色笔填写，字迹必须清晰、工整，不得潦草。属于过底的报表用圆珠笔填写，属于非过底的报表用钢笔或签字笔填写。填写人员必须用私章确认。

（3）阿拉伯数字应一个一个地写，不得连笔书写。小数点后无数时，应写"00"或"—"。

3. 报表改错规定

（1）报表填写发生错误时，不得刮擦、挖补、涂抹或用化学药水更改字迹。更改数字必须用"划线更正法"。应用"划线更正法"更正时，在报表中错误文字或数字上划一红线，以示注销，要求划去整个错误数字，然后在该处盖上更改人员修正章以示负责；若更改次数过多导致报表不清时，应另填写一份，该报表作废。

（2）原始凭证不得随意更改，如确实需要进行更改，必须由本人用"划线更正法"进行更改，其他人员审核原始凭证时发现错误，不得进行更改，可进行备注说明。

4. 作废报表的处理规定

报表在写坏作废时，应当加盖"作废"戳记，全部保存，不得撕毁。作废的报表要随正常报表一并上交票务室查验，车站上交报表包括作废报表在内应连续编号，如无连续编号需向票务室注明原因，并报告车站上级，从而预防票务风险。

5. 报表的整理、装订

（1）报表的整理及装订是票务工作的内容之一。报表整理就是将报表分类归整，仔细检查报表编号是否连号，报表是否完好无缺，签名签章是否齐全，如有不连号情况或缺损情况需有相应备注说明。

（2）报表装订就是将一张张报表装订成册，以便保管和使用。报表按名称分类装订，不同名称的报表不允许装订在一起。装订时要加具专用封面、封底，封面注明加封车站、加封报表名称、加封时间及装订人姓名、员工号。每个月初需把上月份报表按日期顺序装订成小本，再按月装订成册。

6. 报表的保管与交接

（1）车站近期报表必须放在车站 AFC 票务室内保管，期限满半年以上的报表按月份打包加封后存放于车站备品库。报表保管统一由客运值班员负责保管，在办理时需连号使用，若填制有误的需加盖作废印章，期满由车站按年份打包，严禁私自进行销毁。

（2）《车站票务交接班登记本》交接台账管理规定：客运值班员交接班必须严格按规定填写相关内容；严格遵照"账实相符"的管理规定，严禁弄虚作假，并由值班站长监交签认；交接班发现票、款短差须报票务室收益管理员处理。

任务二　车站主要票务报表及台账

【学习目标】

掌握车站常见票务报表及台账的使用和管理。

【任务分析】

本任务以某地铁运营公司的报表为例具体介绍各种票务报表的格式，让学生学习票务报表的填写方法，准确填写各种票务报表。此外本任务还指出填写票务报表时需要注意的地方，学生在学习填写时需细心谨慎。

【相关知识】

一、车站主要票务报表及单据

由于各城市地铁结算方式及机器差异，报表各有不同。以某城市地铁为例，基本包括以下几种票务报表。

1.《售票员结算单》

《售票员结算单》（见表 6-1）是售票员在售票窗口处理所有票务事件的结算凭证。《售票员结算单》记录了售票员上岗时间、位置、备用金等情况。售票员上岗完毕回票务室结算时，须在《售票员结算单》填写本岗位处理的票务情况，如售卡、充值、异常票务处理等情况。客运值班员根据《售票员结算单》在票务室终端录入电脑并进行统计，与售票员两人进行确认并签名。《售票员结算单》数据一旦录入电脑进行统计上传便不能更改。《售票员结算单》的填写必须如实填写，认真核对本岗位在岗期间票务事件处理情况，一旦统计上传数据后有长短款情况，均由售票员负责。在数据统计上传后如有重大差异，售票员需写异常票务事件说明并由值班站长签名确认，随报表一并上交票务室。

2.《乘客事务处理单》

《乘客事务处理单》（见表6-2）是售票员在售票厅处理乘客票务的凭证，如乘客超时、超程、TVM 发售无效票、TVM 卡币卡票、发售团体票等的处理。在处理及填写《乘客事务处理单》时要注意区分乘客是在付费区还是在非付费区。

3.《备用金借出记录表》

《备用金借出记录表》（见表6-3）是客运值班员统计车站备用金借出及归还情况的表，车站每天的备用金进出都需记录在《备用金借出记录表》。车站备用金及票款要严格区分并分开存放，避免备用金误解行。《备用金借出记录表》是票务部门检查车站备用金的重要依据，须做到每时每刻账实相符。

表 6-1 售票员结算单样板

站　　　　　　　　　　　　　　　　　　　　　　　年　月　日

时间	从	至	备用金配备	金额			退款总金额	
票箱号		BOM编号		值班员签名			备用金余额	

票种 \ 项目	配发张数	回收张数	出售 张数	出售 押金（1）	出售 发售金额（2）	合计 金额（3）=（1）+（2）
储值票 - 普通储值票				¥	¥	¥
储值票 - 记次票				¥	¥	¥
储值票 - 学生优惠票				¥	¥	¥
储值票 - 儿童票				¥	¥	¥
储值票 -				¥	¥	¥
储值票 -				¥	¥	¥
单程票 - 普通单程票				¥	¥	¥
单程票 - 免费出站票				¥	¥	¥
单程票 - 付费出站票				¥	¥	¥
单程票 - 2元预制单程票				¥	¥	¥
单程票 - 3元预制单程票				¥	¥	¥
单程票 - 4元预制单程票				¥	¥	¥
单程票 -				¥	¥	¥
其他				¥	¥	¥
其他				¥	¥	¥
合计	--	--	--	¥（4）	¥（5）	¥（6）=（4）+（5）

充值金额（7）	¥	超时、超程补值（8）	¥	进出更新（9）	¥
预收款金额（10）	¥	收款人姓名		收款人员工号	
应收金额（11）=（6）+（7）+（8）+（9）	¥	实收金额（12）	¥	差额（13）=（12）-（11）	¥

退款原因	储值票退款	退押金 ¥		退余额 ¥
	乘客事务退款	¥		
	单程票退款	¥		
		¥		

备注	
售票员签名	客运值班员签名
售票员员工号	客运值班员员工号

6 票务台账

表 6-2 乘客事务处理单样板

事 件 详 情	处 理 结 果
( ) 闸门被误用	
( ) 车票无效不能出闸	
( ) TVM 卡币　　元，设备编号	( ) 发售免费出站票　　张
( ) TVM 卡票，设备编号	( ) 免费发售　　元单程票　　张；
( ) TVM 发售无效票；	( ) 收取现金　　元，发售　　元单程票　　张
( ) TVM 少找币　　元，设备编号	( ) 退回乘客　　元
( ) 乘客无票乘车	( ) 收取现金　　元，发售　　元付费出站
( ) 乘客遗失单程票	票　　张
( ) 乘客付费区遗失普通储值票	( ) 从设备取出现金　　元，退回乘客
( ) 乘客付费区遗失记次票	( ) 卡扣费　　元
( ) 乘客车票超时	( ) 补充值　　元，对卡进行更新
( ) 乘客车票超程	( ) 收取现金　　元
( ) 乘客车票超时又超程	( )
( ) 退卡，卡编号	( )
( )	
( )	
乘客资料： 姓名：　　　　性别：男／女　年龄：　　　证件号码：	
工作单位：　　　　　　　　　　　　联系电话：	
车站确认：售票员签名：　　　　　　　　　　员工号：	
客运值班员/值班站长签名：　　　　　员工号：	

表 6-3 备用金借出记录表样板

备用金借出原因	借出金额		附《乘客事务处理单》或《无效车票处理/退款申请表》单号	客运值班员签名	备 注
	押金	余值			
借出金额合计			站存备用金余额		
备注:					

4.《TVM（AVM）钱箱更换/清点记录表（纸币）》

《TVM（AVM）钱箱更换/清点记录表（纸币）》（表6-4）是车站更换及清点TVM（AVM）时的手工台账，是确保车站员工准确更换及清点TVM（AVM）纸币钱箱的凭证。车站须由两名员工（其中一人需是客运值班员以上）在摄像头下进行TVM（AVM）纸币钱箱更换及清点，一人操作设备进行纸币钱箱更换及清点，另外一人须同时进行记录确认数额。员工在清点纸币钱箱须一个一个分开清点，如发现机读数与实点数有差异，须在《TVM（AVM）钱箱更换/清点记录表（纸币）》（见表6-4）报表上备注，并填写票务事件说明随本报表一并上交票务部门。

表6-4 TVM（AVM）钱箱更换/清点记录表（纸币）样板

时间	更换钱箱						时间	清点金额					备注
	TVM（AVM）号码	钱箱号码	机器读数①	签姓名	员工号	签姓名	员工号		实点数②	差异额②-①	签姓名	员工号	签姓名	员工号	
钱箱总数合计			金额合计	¥					¥	¥			

5.《TVM（AVM）钱箱更换/清点记录表（硬币）》

和更换或清点纸币钱箱一样，在更换清点TVM（AVM）硬币时也须由两名员工（其中一人需是客运值班员以上）在摄像头下进行TVM（AVM）硬币钱箱更换及清点。其中一人操作设备进行硬币钱箱更换及清点，另外一人须同时进行记录确认数额。员工在清点硬币钱箱须一个一个分开清点，如发现机读数与实点数有差异，须在《TVM（AVM）钱箱更换/清点记录表（硬币）》（见表6-5）报表上备注，并填写票务事件说明随本报表一并上交票务部门。

表6-5 TVM（AVM）钱箱更换/清点记录表（硬币）样板

时间	更换钱箱						时间	清点金额					备注
	TVM（AVM）号码	钱箱号码	机器读数①	签姓名	员工号	签姓名	员工号		实点数②	差异额②-①	签姓名	员工号	签姓名	员工号	
钱箱总数合计			金额合计	¥					¥	¥			

6.《车站营收日报》

《车站营收日报》（见表 6-6）是车站统计本运营日所有票务情况的台账。车站客值在交接班时根据《车站营收日报》对车站的票款、备用金、车票等进行核对。值站在每个运营日结束后须根据《车站营收日报》对本站票款、备用金、车票等进行核对，并封存票款在解行箱，等待解行。

表 6-6 车站营收日报样板

票款结存	隔夜票款				已送行金额		合计	
	钱箱金额	钱箱差额	BOM 票款	押金				
上日	¥	¥	¥	¥	¥	¥	¥	¥
本日	¥	¥	¥	¥	¥	¥	¥	¥

票款收入		早班	晚班	合计
TVM 收入	钱箱			
	小计①			
AVM 收入	纸币充值			
	小计②			
BOM 收入	票款			
	小计③			
卡押金④				
应收总金额⑤				
实收总金额（6）=①+②+③+④				
差额	金额 ⑥-⑤			
	原因说明			
本日解行金额				
上日实际解行金额				
值班员签名				
值班员员工号				
备注				
复核人签名		复核人员工		

7.《TVM 补币记录表》

《TVM 补币记录表》(见表 6-7)是车站员工在运营前准备向 TVM 加硬币或 TVM 硬币不足时补充硬币的手工台账。按要求车站在加币时需两人在场(其中一人必须是客运值班员以上),一人操作设备,一人记录台账。

表 6-7　TVM 补币记录表样板

TVM 号码	补币时间	补币箱号码					补币金额	客运值班员		站务员(或以上)	
								签名	员工号	签名	员工号

8.《车站 TVM 加票记录表》

《车站 TVM 加票记录表》(见表 6-8)是车站员工在运营前准备时向 TVM 加单程票和运营期间 TVM 单程票不足时补充单程票的手工台账。按要求车站在加单程票时需两人在场(其中一人必须是客运值班员以上),一人操作设备,一人记录台账。

表 6-8　车站 TVM 加票记录表

序号	加票时间	回收时间	机号	加票数	售出数	无效票数	结余数	加票人	回收人
	合计								

9.《车站票务交接班登记本》

《车站票务交接班登记本》（见表6-9、6-10）是车站客值交接班时的重要台账。接班客运值班员与值班站长应依据《车站票务交接班登记本》上的记录，核对《备用金借出记录表》、《车站营收日报》、《TVM补币记录表》及SC《售票员结算单》等报表凭证，确保与《车站票务交接班登记本》记录一致。接班客值与值班站长应根据《车站票务交接班登记本》当面清点保险柜中的票款、备用金、车票和票务备品等，并进行签收。

表6-9 车站票务交接班记录表（一）样板

交班人姓名	值班员		交班人员工号	值班员		交班时间	年 月 日	
	值班站长			值班站长			时 分	
现金送款单回执			备用金	本班增加数/减少数		本班结存		
			纸币					
票款			硬币					
			总计					

未开钱箱号码：
1.
2.
3.
4.
5.
6.

票务钥匙	本班增加数/减少数	本班结存	状态	票务钥匙	本班增加数/减少数	本班结存	状态
闸机钥匙				TCM_主机			
TVM维修门				TCM_底座			
纸币钱箱1				TSM钥匙			
纸币钱箱2				TSM_后门			
TVM_硬币钱箱				售票问讯处1			
TVM_硬币补充箱				售票问讯处2			
AVM_维修门				文件柜钥匙			
BOM_自动出票机				保险柜钥匙			
BOM_收银钱箱				钥匙柜钥匙			
单程票箱							

表 6-10 车站票务交接班记录表（二）样板

票务备品	本班增加数/减少数	本班结存	状态	票务备品	本班增加数/减少数	本班结存	状态
手推车				点币机			
纸币钱箱				补币箱			
硬币钱箱				售票盒			
点票机				配票箱			
验钞机							

项目 票种	上班结存	增加数			减少数			本班结存
		票务室配票+	BOM发售后归还+	回收	给售票员配票	TVM配票	上交票务室	

发票	本班增加/减少数	本班结存	发票	本班增加/减少数	本班结存
¥			¥		

备注							
接班人姓名	值班员		接班人员工号	值值班员		接接班时间	年 月 日
	值班站长			值值班站长			时 分

10.《车站售票问讯处交接记录表》

《车站售票问讯处交接记录表》（见表 6-11）是售票员在售票亭交接班时使用的手工台账，主要记录售票亭里的票务设备交接。

表 6-11 车站售票问讯处交接记录表样板

票亭编号：

BOM 设备号：		BOM 设备号：	
交接项目	备注情况	交接项目	备注情况
交接时间：		交接时间：	
交班人签名：	员工号：	交班人签名：	员工号：
接班人签名：	员工号：	接班人签名：	员工号：

11.《车站闸机回收车票记录表》

《车站闸机回收车票记录表》(见表 6-12)是车站员工回收出站闸机处的单程票时使用的手工台账。同样,车站员工在回收单程票时需要两人在场,并核对机读数与实点数是否一致。如出现差异也须填写票务事件说明随每日的报表一并上交票务部门。

表 6-12　车站闸机回收车票记录表

填表单位：　　　　　　　年　　月　　日　　　　　　单位：张

序号	时间	班别	机号	票箱 1 回收数	票箱 2 回收数	回收人
合　　计						

【动起来】

按要求进行报表填写。

要点：掌握各类报表的填写要求和具体填写方法。

要求：① 在指定时间完成；

　　　② 填写正确、完整、真实,严格按要求进行填写及修改。

【复习与思考】

1. 简述报表填写的基本要求。
2. 简述报表修改的基本方法。
3. 简述客运值班员在工作中需要填写的主要报表种类。

7　票务差错及违章

【主要内容】

票务差错
票务违章
常见案例

任务一　票务差错

【学习目标】

（1）掌握票务差错的概念；
（2）掌握主要的票务差错内容。

【任务分析】

为了保障票务工作的有效进行，对票务工作进行规范，必须避免出现票务差错，本任务主要介绍常见的票务差错内容。

【相关知识】

一、票务差错的概念

1. 票务基本组织原则

（1）地铁票务组织是借助于 AFC 系统的管理操作平台，遵循财务规则，确保票务收益的安全。

（2）车站现金管理严格遵守"收支两条线"、"账实相符"的要求。

（3）票务结算时间以北京时间为准，结算周期从凌晨 4 点至次日凌晨 4 点，实行 24 小时制。

（4）车站在每日地铁运营结束后，清空所有票箱、钱箱进行清点，记录实际数量、金额。

（5）在 AFC 设备运作正常情况下，车站使用 TVM 售卖单程票，AVM 对 IC 卡进行充值，BOM 处理异常乘客事务、对 IC 卡进行充值、发售地铁特种卡。

2. 票务差错定义及原则

（1）票务差错是指员工在日常票务运作（包括管理、设备操作、作业）过程中因违反相关规章制度或疏忽而造成轻微影响的行为。

（2）票务差错的处理原则：

① 严格管理原则，即原因分析不清不放过、责任者和员工没有受到教育不放过、没有制定防范措施不放过、责任者没有受到处理不放过。

② 实事求是原则，即票务差错处理应以规章为准绳、事实为依据，力求客观、公正。

③ 逐级考核、落实到人原则，即实行层级管理，制定考核指标及办法。

④ 有责赔偿原则，即因票务差错造成的公司损失由责任人赔偿。

⑤ 尽职尽责原则，即票务相关人员须认真履行本岗位工作职责，对发现问题隐瞒不报、不如实反映情况，或对差错分析处理拖延、推脱责任、姑息纵容、不配合调查的各级人员，要追究其经济、管理责任。

二、票务差错的内容

1. 现金管理和使用方面的差错

（1）未按规定时间处理长、短款；
（2）未按规定程序解行或解行金额不符；
（3）售票人员遗漏现金在售票问讯处（包括临时售票亭）；
（4）现金缴款单填写错误；
（5）未按公司相关票务规定管理现金及现金区；
（6）票务主管部门认定的其他票务差错行为。

2. 报表填写和管理方面的差错

（1）未按规定填写、更正票务台帐、报表，或未及时上交票务报表；
（2）未按规定整理、保管票务报表；
（3）票务相关人员未按规定审核、查实车站票务报表内容或发现报表错误后未及时更正、跟踪；
（4）票务报表未按规定签认；
（5）票务相关人员交接不清、未按规定填写交接班台账，尚未造成不良影响或经济损失；
（6）通知车站更正报表后不及时执行；
（7）未按整改通知书的整改要求及时整改；
（8）票务主管部门认定的其他票务差错行为。

3. 车票管理和使用方面的差错

（1）节假日期间车站未在规定时间上报车站上日车票结存量；
（2）售票人员在售票问讯处（包括临时售票亭）遗漏车票；

（3）车站原因致使车票表面有污渍（例如：使用透明胶粘贴车票，使车票票面粘胶等）；

（4）车票编码人员编码车票错误；

（5）未按标准封装车票；

（6）配发或上交车票不及时；

（7）票务相关人员未按规定做好车票出入库单的填写、签收工作，按车票成本计算造成100元以下金额差异；

（8）AFC专业人员未按规定做好车票测试记录；

（9）丢失车票（含各类车票），按车票成本计算造成100元以下的经济损失；

（10）票务主管部门认定的其他票务差错行为。

4. 乘客事务处理（含售票操作）方面的差错

（1）乘客事务处理单多填、少填、错填或未按规定签认；

（2）多起乘客事务汇总一张处理单填写、冒充乘客签认或篡改《乘客事务处理单》，但经查实非舞弊行为；

（3）处理乘客事务误操作但未造成经济损失；

（4）填写乘客事务处理单的金额与BOM操作金额不符；

（5）未按规定办理储值票发售、退、换卡和单程票退票业务；

（6）票务主管部门认定的其他票务差错行为。

5. 设备管理和操作（含备品和工器具）方面的差错及违章行为

（1）在AFC设备上误操作或输入资料（设备编号、员工号或票数、金额等）错误或不完整；

（2）票务相关人员未按规定巡站检查AFC设备及其他票务设备工况；

（3）票务相关人员未按规定监督承包商的维修保养工作；

（4）AFC设备或其他票务设备故障、损坏未及时报障、销障；

（5）未按规定交接、保管、使用票务钥匙、TVM与AVM门禁卡、BOM管理卡等；

（6）票务主管部门认定的其他票务差错行为。

6. 其他差错及违章行为

（1）员工于售票问讯处（包括临时票亭）有私自做小账的行为；

（2）由于人为原因，结算时发生错误而造成备用金或票款的差异（注：短款追补，长款上交）；

（3）未执行AFC票务室、售票问讯处人员进出有关规定；

（4）票务相关人员违章指挥；

（5）票务相关人员未及时汇总、分析、上报、回复车站票务运作中存在的问题；

（6）未执行双人操作、双人确认有关规定；

（7）对丢失银行现金收讫回单，未及时上报并进行跟进；

（8）票务主管部门认定的其他票务差错行为。

任务二　票务违章

【学习目标】

（1）掌握票务违章的概念；
（2）掌握主要的票务违章内容；
（3）掌握票务违章的处理。

【任务分析】

为了保障票务工作的有效进行，对票务工作进行规范，必须避免出现票务违章，并制定适当措施进行防范和处置，本任务主要介绍常见的票务违章内容及其处理。

【相关知识】

一、票务违章的概念

1. 票务违章的定义

在公司的票务运作中，凡是由于管理、设备操作、作业等过程中造成公司一定数量以上的票务收益流失、财产损失的行为都构成票务违章。

2. 票务违章的管理要求

违章发生后，应按照"四不放过"的原则（即违章原因分析不清不放过；责任者和群众没有受到教育不放过；没有制定防范措施不放过；责任者没有受到处理不放过）处理违章，找出原因，分清责任，吸取教训，制定措施，防止同类违章再次发生。

对违章的责任者，应根据违章性质和情节分别予以严肃的批评教育、经济惩罚，直至纪律处分、法律制裁。对违章性质和情节严重的要追究领导责任。

对违章分析处理拖延、推脱责任、姑息纵容、隐瞒不报或没有如实反映违章情况者，应予以严肃批评教育或纪律处分。

二、票务违章行为的划分和内容

票务违章行为按照其造成的影响、损失、性质划分为一至四类。

1. 一类违章的内容

（1）备用金、票款的管理和使用

① 将备用金、票款挪作与票务工作无关用途，金额在 100 元以下的行为（备用金误解行除外）。

②票务工作人员（如售票员、客运值班员）离开工作岗位，未将现金安全上锁。

（2）报表填写和管理

相关人员未按规定认真审核、查实车站票务报表的内容或发现报表错误后，没有及时跟踪、更正，造成价值100元以下的票款流失。

（3）车票管理和使用

①车票加封数与实点数、票种有差异，储值票按成本计算造成100元以下的经济损失；单程票每笔差错在2‰以上且超过部分按车票成本计算造成100元以下的经济损失。

②丢失车票（含各类车票），按车票成本计算造成100元及以上，200元以下的经济损失。

（4）设备管理和操作

①客运值班员未按规定在运营结束后将BOM读写器及SAM卡收回车站票务室。

②票务人员离开岗位没有按规定在票务设备上注销或误用他人账号操作票务设备。

③车票编码员没在编码、分拣后注销就离开制票间。

（5）票务钥匙管理

①丢失除钱箱钥匙以外的其他票务钥匙（含门禁卡）（无相关汇报记录）。

②丢失钱箱钥匙（及时汇报并有相关记录）。

（6）车站现场管理

未按规定在TVM补币或者TVM/AVM钱箱回收时现场填报《TVM补币记录表》及《TVM/AVM钱箱回收记录表》。

（7）稽查队认定的其他行为。

2. 二类违章的内容

（1）备用金、票款的管理和使用

将备用金、票款挪作与票务工作无关用途，金额在100元及以上，500元以下的行为（备用金误解行除外）。

（2）报表填写和管理

相关人员未按规定审核、查实车站票务报表的内容或发现报表错误后，没有及时跟踪、更正，造成价值100元及以上，500元以下的票款流失。

（3）车票管理和使用

①车票编码人员错误编码车票或现金数额出错，涉及金额在100元及以上，500元以下的行为。

②车票加封数与实点数、票种有差异，储值票按成本计算造成100元以上，500元以下的经济损失；单程票每笔差错在2‰以上且超过部分按车票成本计算造成100元及以上，500元以下的经济损失。

③丢失车票（含各类车票），按车票成本及涉及金额计算造成200元及以上，500元以下的经济损失（配票途中非人为因素除外）。

（4）设备管理和操作

误操作AFC设备或其他票务设备，导致设备运作异常，造成分公司财产损失，金额在100元及以上500元以下的行为。

（5）票务钥匙（SAM 卡、BOM 读写器）管理

① 丢失钱箱钥匙（无相关汇报记录）。

② 丢失 SAM 卡、BOM 读写器（无相关汇报记录）。

（6）稽查队认定的其他行为。

3. 三类违章的内容

（1）备用金、票款的管理和使用

将备用金、票款挪作与票务工作无关用途，金额在 500 元及以上、1 000 元以下的（备用金误解行除外）。

（2）报表填写和管理

① 员工弄虚作假，有意涂改账目、擅自销毁含有数据的票务报表（含空白报表）、账册或其他记账的原始凭证（违章占有现金除外）。

② 相关人员未按规定认真审核、查实车站票务报表的内容或发现报表错误后，没有及时跟踪、更正，造成价值 500 元以上、1 000 元以下票款流失。

（3）车票管理和使用

① 采取不正当的手段，填平车票的差额（违章占有车票除外）。

② 丢失车票（含各类车票），按车票成本及涉及金额计算造成 500 元及以上的经济损失（配票途中非人为因素除外）。

③ 车票加封数与实点数、票种有差异，储值票按成本计算造成 500 元及以上的经济损失；单程票每笔差错在 2‰以上且超过部分按车票成本计算造成 500 元及以上的经济损失。

（4）设备管理和操作

误操作 AFC 设备或其他票务设备，造成设备故障或车票编码错误，造成分公司财产损失，金额在 500 元及以上、1 000 元以下。

（5）稽查队认定的其他行为。

4. 四类违章的内容

（1）备用金、票款的管理和使用

① 违章占有任何现金或截留现金。

② 将备用金、票款挪作与票务工作无关用途，金额在 1 000 元及以上的（备用金误解行除外）。

（2）报表填写和管理

相关人员未按规定认真审核、查实车站票务报表的内容或发现报表错误后，没有及时跟踪、更正，造成价值 1 000 元及以上票款流失。

（3）车票管理和使用

违章占有任何车票。

（4）设备管理和操作

① 盗用他人密码在 AFC 设备上进行涉及现金的交易或擅自修改票务数据等方面的操作，或故意损坏 AFC 设备或其他票务设备，造成设备故障或车票编码错误。

② 违章利用 AFC 设备赋值或盗用密钥制作/发售车票，造成公司收益损失。

③ 未经批准擅自带走 BOM 读写器及 SAM 卡。

（5）稽查队认定的其他行为。

任务三　票务案例分析

一、SC 输入错误类

事件一：某客值错将 32 储值卡输入为 33 纪念版储值卡（32 卡与 33 卡押金不一致），造成差异。

事件二：某客值给售票员结算输入 SC 时，错将 32 储值卡上交 4 张误输为 5 张，单程票上交 4 张误输为 5 张，造成差异。

事件三：某客值与售票员结算，按规定双人清点后输入 SC，结果发现短款 45002 元，经检查，原来客值将实收的票款 61998 误输为 16996，售票员实际短款 2 元。

事件四：某客值与售票员结算时，误将备用金与票款总金额一起当成票款输入 SC，导致长款。

工作指引：

（1）客值在输入 SC 时要集中注意力，严禁客值在输入 SC 期间与售票员聊天，做与工作无关的事情，尽量保持环境安静；夜班客值在输入 SC 时，由于精神疲惫，容易出错，更应该提高警惕，数据输入完毕后应再三核对，否则报表一旦生成，失误将不可挽回。

（2）在与售票员结算时，输入完毕后，不要急于统计《售票员结算单》，先将《售票员下班上交票款》的打印单交给售票员核对，确认无误签名后再进行统计，只要《售票员结算单》还未进行最后统计，就有改正的机会（作废单据）。

（3）各站负责票务的值班站长可以根据本站具体情况，要求售票员在结算前尽可能先将备用金和票款分开，分两部分交给客值清点，以减少差错的产生。

二、违反工作程序类

【案例一】

一乘客出站时向某售票员反映自己的储值票丢失，该售票员按规定发售一张 15 元付费出站票，同时在乘客事务处理单上注明"乘客遗失储值票"，乘客签名确认。事后，该乘客持一张单程票来到售票问讯处称自己的车票已找到，并改口说当时丢失的是一张单程票，要求退钱，售票员经 BOM 验证后发现所有信息均吻合，询问客值后将钱退还给乘客。该客值由于未按规定退款被记差错。

工作指引：

（1）当乘客遗失车票需补 15 元车资时，售票员应尽量将相关信息记录在《乘客事务处理单》上，包括：遗失车票种类、进站地点、进站时间，并提醒乘客清楚填写姓名及电话，以便作为退款的凭证。

（2）当乘客找回遗失车票，车站需退回15元备用金时，务必要仔细核对《乘客事务处理单》上的信息，发现任意一条信息有异常，车站都不得退款。

（3）具体针对上述案例，由于乘客事先说明丢失的是储值卡，且已在《乘客事务处理单》上签名确认，因此，现场操作人员首先应坚持原则不予退还该乘客15元，并妥善做好乘客的解释工作。但如果乘客能够提出合理的理由，从人性化服务的角度出发，车站值班站长也可使用"酌情权"进行处理，但在处理前，应与票务室现场管理人员做好沟通，并报告站长。在这个案例中，售票员询问客值处理意见是非常正确的，但客值未征得值班站长同意就进行退款则违反了车站票务运作的相关规定。因此，在处理有争议的乘客事务时，售票员在操作前必须询问上一层级的意见，经同意后方可操作。当车站人员不能做出决定时，必须请示票务室，切勿自作主张。

【案例二】

（1）某站在回收机器时，未按规定对AVM设置暂停服务，机器回收后又有乘客充值，造成当天50元隔夜票款。

（2）某站客值回收AVM306时，在车控室SC上设置暂停服务，但由于SC网络故障，实际该机并没有暂停服务，造成当天400元隔夜票款。

工作指引：

为了防止乘客在车站回收AVM后继续使用机器充值，从而产生隔夜票款，各车站在收机时应按下列步骤操作：

（1）收机人员到达要回收的机器前，确认没有乘客使用机器后，通知车控室在SC上对该机器设置"暂停服务"。

（2）收机人员确认机器已经进入"暂停服务"状态后，将机器上方三角提示牌转为"暂停服务"或放置"暂停服务"人字牌。

（3）收机人员按规定程序进行收机操作。

（4）更换新钱箱后，再次确认机器为"暂停服务"状态，防止乘客在该机上充值。

【案例三】

双人回收机器时将T201与T202机器读器抄反。

工作指引：

发生机器读数抄反，多数原因是由于双人回收机器时，记数人与读数人欠沟通，读数人所报数据与记数人所记数据的机器号不一致造成的，为了避免这类差错的出现，建议读数人在报数据时养成先报机器号码，再报钱箱ID号及金额的好习惯。

【案例四】

值站与客值回收闸机单程票时，闸机108当时显示暂停服务，票箱1、2机读均为0，由于该机器近期曾发生故障并因某种原因当时未修复，所以二人便误以为故障没有修复，没有对闸机108进行回收。第二日6:25在车票差异统计中发现闸机108短327张单程票，到现场查看票箱1、2机读还是为0。断电回收清点后发现其实票箱中有327张单程票，与差异数据相符。

工作指引：

（1）机器发生故障后，当班人员应立刻报修并设置暂停服务牌。如机器状态不稳定时好时坏，或维修人员不能立即修复，当班人员最好将其在 SC 上设置为暂停服务，并将维修进展情况及故障发生后的设备状态（例如：是否已进行清点回收，有无钱、票）等信息做好交接班。

（2）在进行机器回收时发现某台设备状况异常，如交接班中并未提到"该设备故障，已经暂停使用，设备中没有任何钱、票"，无论机读数是否为零，必须查看箱中是否有钱、票。

【案例五】

某站 TVM201 纸币单元发生故障，经维修人员判断需要更换纸币钱箱。客值未严格执行票务操作规程，在 TVM201 钱箱回收时未按规定现场填报《TVM（AVM）钱箱更换/清点记录表》，之后由于忙着处理其他票务工作，忘记将 TVM201 钱箱回收的票款及时登入 SC，导致与晚班客值交接时无法找到多出票款的来源，而将 TVM201 钱箱回收的票款 313 元当做异常票款处理。

工作指引：

（1）车站员工要从此次事件中汲取教训，严格执行作业流程，养成良好的工作习惯，在补币补票及更换钱箱时务必要严格执行双人操作、现场填记的有关规定，切勿贪图一时的便利而导致不良后果。

（2）车站在运营过程中进行机器回收、补币补票工作后，应尽快将数据录入 SC 中。

（3）客值交接时，如发现钱、票异常，一定要想方设法查明原因，回想当班过程中的每一个环节是否出错，切务轻率当异常票款输入 SC，钱、票出现较大差异一定是某个环节出现问题。

【案例六】

晚班客值给售票员配好票后，售票员说要去洗手间，晚班客值就把钱票放进抽屉等售票员。此时早班客值来接班，晚班客值交代早班客值待售票员回来后把钱票给他，售票员回来后，早班客值忘记晚班客值已给售票员配钱票，又配了一次，导致结算时备用金少 1100 元，单程票少 3 张，储值票少 20 张。

工作指引：

（1）车站内部应根据售票员及客值的交接班时间，对某班次售票员应由某班次客值配票、结算形成相应规定，除特殊情况外，不得随意变动，例如：根据车站实际情况规定早班售票员必须由前一日晚班客值配票，由当日白班客值结算；中班售票员必须由当日白班客值配票，由当日晚班客值结算，特殊情况除外。以此规定来防止两个班次的客值均给同一售票员配票的情况发生。

（2）此事件暴露出车站交接班中存在严重隐患：① 客值交接时，仅核对票务室内现金与 SC 的备用金数目是否一致，《车站票务交接班登记本》中备用金交接金额需包括本班 AFC 设备加币和售票员配币数，即：交接金额=库存备用金+AFC 设备加币+售票员配币数，客值由于未按规定交接，造成盲目相信数据正确，对交班时售票员的配币数不清楚，导致给同一售票员配票两次；② 售票员与客值配票时，未当面清点签认，从而导致两名客值给自己配票却没有产生疑义。

三、报表填写类

案例 1

《售票员结算单》上"团体票"、"行李票"未填写造成合计数计算有误。

工作指引：

"团体票"与"行李票"在大部分车站发售次数的确较少，并不是每天都能遇到，很容易被客值忽视，尤其是"行李票"的白联交给乘客，红联随报表上交，而单独的一张红色小票较容易与充值小票混淆，结算时不易被客值留意到。

由于以上客观原因，售票员与客值结算时更需加倍谨慎，做到互相提醒。售票员如在当班过程中有"行李票"或"团体票"售出，结算前应特别提醒客值，客值结算前也应主动询问售票员是否有"行李票"或"团体票"售出。如果双方都能多问一句，此类差错是可以避免的。

另外，客值根据 SC 电子版《售票员结算单》填写手工版《售票员结算单》时，应特别留意"其他收入"及"行政收入"栏是否有金额，若有，则说明有团体票、行李票、补收票款等业务发生，从而提醒自己在手工报表"其他"栏内填写相关内容。

案例 2

《钱箱更换/清点记录表》中更换钱箱时间与清点金额时间未按实际填写。

工作指引：

车站十月、十一月连续两月发生《钱箱更换/清点记录表》的时间未按规定填写的事件，主要表现为：忘记填写更换钱箱时间、填写的"清点时间"早于"回收时间"、填写的"回收时间"数目多于机器数目、所有"回收时间"填为同一个时间点。

希望车站在今后的回收工作中，严格遵照规章要求，将《钱箱更换/清点记录表》台帐带到回收现场照实填写，不要提前在票务室先填写完毕。虽然一般情况下，"回收时间"、"清点时间"一栏的数据看似作用不大，但在机器出现故障、机点与实点数据不符、回收或清点过程被突发事件干扰打断时，此栏的数据便可作为有力证据。

【动起来】

以小组为单位进行案例分析，并按正确处理方式加以演练。

要点：分析案例中存在的问题，提出出现此类问题的处理方法，并能够按照正确方式处理和避免出现类似问题。

要求：① 在指定时间完成；② 写出完成每一项任务的涉及人员及操作过程；③ 能够正确进行处理并演练。

【案例一】

某日某站值班员给售票员配备用金时没有进行记录，售票员发现硬币实际数比账面数多后，没有向值班员反映，而是把多出的备用金占为己有。

【案例二】

某日某站，站长在对男更衣室进行例行检查时，发现一站务员打开的更衣柜里放着一堆车票，其中包括：单程票20张，"城市一卡通"储值票1张（含2元余值）。经查问，该站务员承认上述车票是其在做厅巡期间从乘客手中回收的无效票和过期票。事后他未将车票上交车站,并已将2张单程票送给朋友。

【案例三】

某日早上,一乘客在某站票务处购买了一张 100 元的储值票。当天乘客用该储值票乘车两次,在出站时发现所扣车费与车票余值不符,当晚即向购买站投诉。

经调查后发现该车票并非当天发售的新票,而是该站售票员当天加值的车票。经查问,当班售票员承认自己利用工作之便,将余值为 65.0 元的私人车票充值 30 元后当新票出售给乘客。

【案例四】

某日晚,某站客运值班员与售票员结账时核点票款少了 500 元。而在售票员当班期间只有厅巡进入过票亭,在该站公安协助调查下,这名厅巡承认其盗窃行为,交代他在票亭顶岗时擅自打开了售票员的票盒,并盗取盒内票款 500 元。

【复习与思考】

1. 简述票务差错的处理原则。
2. 简述票务违章的处理原则。

参考文献

[1] 于涛. 城市轨道交通票务管理[M]. (第2版). 北京：人民交通出版社，2011.
[2] 刘莉娜. 城市轨道交通客运组织[M]. 北京：人民交通出版社，2010.
[3] 裴瑞江. 城市轨道交通客运组织[M]. 北京：机械工业出版社，2009.
[4] 石瑛. 城市轨道交通客运组织[M]. 北京：中央广播电视大学出版社，2011.
[5] 永秀. 城市轨道交通车站运作管理[M]. 北京：机械工业出版社，2012.